自立力

思春期　青年期の問題と、その解決策

林　伸二
HAYASHI SHINJI

風詠社

目次

はじめに　8

Ⅰ　本書の目的と特徴　12

Ⅱ　思春期（青年期）の特徴　17

思春期（青年期）の一般的な特徴　19

思春期前期（12～14歳頃：中学生）　24

Ⅲ　思春期（青年期）の問題の解決方法　26

思春期前期（12歳～14歳位）　26

感情　26

自立心が弱い　26

親に対する反発が強い　31

あこがれ（憧憬）が強く、何事にも中途半端で、コツコツと努力しようとしない　33

友人関係について強い不安や悩みを抱えている　38

自分の容姿に強い不満を持っている　40
勉強や学校生活が面白くない、やる気が起こらない　42
神経症の発生　45

思考　47

ものごとを表面的に見てしまい、論理的に理解できない　47
自分一人の力で問題を解決しよう、乗り切ろうという姿勢が見られない。そもそも何が問題なのかもよく分かっていないし、その解決方法も分かっていない　50

人格　53

子供には幸せな人生を送ってもらいたい　53
子供に、周りの人たちから愛され、また愛することができる人間になってもらいたい　68
社会道徳が身に付いていない　69

行動　73

ストレスに強い人間に育って欲しい。子供が強いストレスを感じていて、自暴自棄に陥っているようだ。なんとかしてやりたい　73
積極的な行動が取れない。いつも引っ込み思案で、仲間外れにされている　91
大人になり切れていない　94
親が子供の「理由なき反抗」や合理的な反抗にとまどう、対処しきれない。場合によっては

子供を放任してしまう　98
友達ができない、出来ても長続きせず、孤独感を感じている　100
悪い社会的な集団に入るのを防ぎたい　101
社会的に望ましくない行動（非行などの反社会的行動や、引きこもり・不登校などの非社会的行動）や、問題視されるような行動はして欲しくない　107
引きこもりを止めさせたい　119
本当に親密になれ、信じあえる人に巡り合えない　121

思春期全般（12歳～18歳位）　124

感情　124

人間関係に苦しんでいる子供を何とか助けたい、力になってあげたい　124
強い劣等感を取り除いてやりたい　132
社会的に望ましい人間になって欲しい　139
いつまでも大人になれない　141
ネガティブな性格をポジティブに変えたい　144
社会適応上のトラブルが起こりやすい　146

思考　150
問題解決能力を高めて欲しい。周りの人がするのを模倣するのではなく、自分で考え、創造的に解決して欲しい。それが自分や社会にとっての危機の克服に、さらには発展に繋がるのだから　150

人格　155
自分で自分が分からない（本当の自分らしさとは何か）、自分はどう生きていけばよいのか、自分が頼りない（自分に自信が持てない）ということにひどく悩む　156

行動　182
まじめ生活をしようとか、きちんと生きていこうといった傾向が見られない　182
問題行動を起こしたり、異常な心理状態が見られる　187

結び　201
引用・参考文献　204
索引　212

装幀　2DAY

自立力

―思春期・青年期の問題と、その解決策―

はじめに

自立心は、発達心理学の見地からは、人生の疾風怒濤期に出来上がります。そして若者は自立力を身につけていきます。この疾風怒濤の時代を乗り切る鍵が自立心、そして自立力なのです。この時期は青年期（12〜20歳頃）、とりわけ思春期（12〜18歳頃）に当たります。昔「青春時代は道に迷っているばかり」という歌がありました。この「迷う」原因は単的に言えば、自分が分からないからです。自分が分からないから、何をどうすればよいのかも分からなく、右往左往した結果、自分が本当に求めていた道を見つける者、自分を活かす道を見つける者や、行ってはならない間違った道に行ってしまう者、などさまざまです。まして夢や希望をスーツケースにいっぱいに詰め込んで、子供が元気に明るく社会に旅立つことを、親は切に願っているものなのです。しかし現実はなかなかそうはいかないようです。

子供が元気に明るく旅立つには、自分が何をしたいのか、どんな人間になりたいのか、どんな生活をしたいのか、そのためにはどこに行かなければならないのか、などが少なくとも分かっていなければなりません。たとえ完璧でなくとも、ある程度の具体性が必要です。こうして子供は親から心理的離乳（親離れ）をし、自立の道を歩き始めます。しかしその道で、ほとんどの若者が道に迷って、間違った道に入ったり、疲れ果てて歩くのを止めてしまったり、ずーっと一休みし続けてしまったりと、さまざまです。これがエリクソンの言う、アイデンティティの危機の時期なのです（157－161頁をご覧下さい）。この時期はまさに子供が精神的に経済的に自立を求めて、もがいているのです。自立に成功するもの、失敗するもの、さまざまです。どんな親でも子供の成功を祈って必死に支援しますが、その甲斐なく、社会の第一線から撤退してしまう若者が後を絶ちません。大きな原因としては、そもそも子供自身に自立する力が弱いからでしょう。

人生において思春期が一大転換点です。この時期をどう生きていくかがその人の人生を決めるといっても過言ではないでしょう。

今日、日本の若者の多くがアイデンティティの喪失に陥っています。自分がどういう人間か分からない。その結果、自分はこれからどういうふうに生きていけばよいのか、どんな職業に就けばよいのか、など不安にさいなまれます。しかしこれは何も若者に限ったことでなく、30代以降にも多く見られます。その証左は働かない若者の割合や転職率の高さが示しています。しかも最近とみに中高年の引きこもりが問題なっています。若者のアイデンティティの健全な形成には、本人の自覚と努力は言うまでもなく、親や教師の役割が重要です。

そもそも子育ての目的は、子供を健康で楽しく積極的に生きていき、しかも社会の役に立つ人間に作り上げることです。しかし子育ては子供の発達段階で少し異なってきます。乳幼児期（1歳半～6歳頃）の子育てとは、親が子供に栄養を与え、しつけや遊びを通じて、生きていくうえで必要な社会性を身につけさせ、健康に素直に成長させることです。児童期（6歳～

12歳頃）では、子供は家庭と学校の二重生活を送りますが、そこでの子育ての目的は主として社会への適応の意欲と能力（知識とスキル）を高め創造性を高めることです。そこで重要な役割を果たすのが教育ですが、それは親や学校が子供に、生きていくうえで必要な知識やスキルを訓練したり習得する機会を与え、創造力を育むことを目的としています。最後の青年期では、子供が社会に出て道に迷わずに自立して責任ある行動を取れるように育成し、また支援することです。少なくとも青年期に求められる自立した行動は、児童期そして青年期に発達してきた本人の自立心と、それを育てる環境（とりわけ親の生き方と教育方針・しつけ、経済的な家庭環境）、そしてそれを実行させる場によって直接的に決まります。

　本書の目的と特徴は次の通りです。

・若者の自立力を高めると考えられる要因は何か、自立力が強い影響を与えている要因は何だろうか、を主に発達心理学、社会心理学、パーソナリティ心理学などを使って明らかにします。つまり個人的な経験や周囲の人たちの体験談ではなく、理論の見地から検討します。

・その背景にあるだろうと考えられるモデルを提示します。

　ここでは自立力を中心にして、その規定要因（原因）と影響要因（結果）の体系化を模索します。ただしそれは実際に証明されたものではなく、各要因の概念に基づき、因果関係を体系化するという概念的なモデルです。

・各要因について、「問題提起－原因解明－解決方法の提示」の形で説明します。

・解決方法は理論に基づいて、主として親や教師が実際に活用しやすいように提案しています。もちろん若者自身も活用できます。

・読者が今なにか問題を抱えているのであれば、自立力とは関係なく、個々の問題の解決方法を参考にすることもできます。

詳しくは次の「本書の目的と特徴」をご覧下さい。

最後に、青年期（12～20歳位）は一般に思春期前期（12～14歳頃：中学生）と思春期後期（15～17歳あるいは20歳頃：高校生あるいは大学生前半）に分けられます。しかしこの区分は一般論であって、発達状況によって個人差があります。

Ⅰ　本書の目的と特徴

子供は普通、児童期を終わり、いよいよ悩み多き思春期に入り、そして青年期を終え、成人になり、本格的に社会に羽ばたいていきます。しかし羽ばたく力の強い子や弱い子、羽ばたいているだけで飛ぼうとしない子、などさまざまです。これはまさに自立の意志（自立心）と自立力の問題なのです。自立心とは、親から精神的に、また経済的に独立し自立したいという気持ちあるいは意欲のことです。自立力というのは、そのように自立することができる能力（社会に出て自らの力で生きていくために必要な知識やスキルを獲得し発揮することができる力。たとえば社会や会社で評価される資格の取得・活用の能力や、営業や研究開発などの職務遂行能力、農業や漁業などの一次産品の生産能力、など）です。

たとえいかに自立力が高くても、本人に強い自立の意志がなければ、自立するという行動は具体的には生まれません。またどんなに自立したいという気持ちが強くても、自立力が弱ければ、自立という行動に踏み切れません。かりに自立したとしても、仕事に必要な能力がないために、その自立は失敗に終わるでしょう。つまり子供がしっかり自立した生活を送るには、本人に高い自立力と、強い自立の意志が必要なのです。ただしこの自立力を効率的に学習したり、また発揮させるうえで、高い社会性（対人関係能力）と問題解決能力が不可欠です。

言うまでもなく実際、自立力の強い子もいれば弱い子もいます。自立力の強い子は、自己意識も強く主体性や独立心も強い、場合によっては競争心や支配力も強いかもしれません。普通、自立力と自立の意志は相互作用の関係にあります。自立の意志が強くなると、自立力も強くなる、その逆もあります。つまり一言で言えば、自立力の強い子は明確なアイデンティティを持っているということができます。これが明確になるのは青年期に入ってからです。自分は何をしたいのか、何をしなければならないのか、どういう人間なのかがかなり分かっているのです。アイデンティティが確立しているから自立しようとする意志も強くなり、また自立力が強いから、アイデンティティ確立の努力も強くなっていきます。それでは、子供を自立力の強い子に育てるにはどうすればよいのでしょうか。

子育てで重要なことは、親が子供の成長過程を注意深く観察して愛情をタイミングよく十分に与えて（適切かつ十分な愛着行動）、その子に望ましい性格（とくに優しさと知的好奇心、素直さ、強い心、社会性（対人関係能力））を発達させ、そして問題解決能力（身近で起こるさまざまな問題のみならず重大な問題や危機を克服する力）をしっかりと身につけさせ、それを最大限に発揮させることです。これがまさに自立力形成の基盤なのです。そうすると、子供は立派に成長し、幸せな人生を送っていけます。とりわけ対人関係能力と問題解決能力から成る自立力が、そして強い自立の意志が幸せな生活を、そして人生を築き上げるのです。自立力というのはまさに生きる力の中枢と言っても過言ではないでしょう。

このような子供を育てるには、具体的にどうすればよいのでしょうか。フロイト、エリクソン、ピアジェ（後述）をはじめ多くの発達心理学や学習心理学、社会心理学、自己効力理論などの研究者たちが多くのさまざまな提言をしています。しかしその基本は、子供に愛情をどう注げばいいのか、子供の問題解決能力をどう高めればよいのか、という2点に尽きるでしょう。

本書は、子供たち（青年）が自立心と自立力を養いつつアイデンティティの確立を目指しながらも、青年期を楽しく健全に乗り越えていく際に遭遇したり体験するであろうさまざまな困難や障害などに対して、子供自身や親、教師はどのように立ち向かい解決していけばよいかについて検討します。つまりここでは自立力にかかわる重要な問題として31の問題を提起し、その直接的原因を探り、その解決策を提案します。

これらの問題が自立力とどういう関係にあるのかを簡略に表すと、図表1の通りです。ただし問題によっては、原因（自立力の形成に影響を与えると考えられる要因）であったり結果（自立力が影響を与えると考えられる要因）であったり、また自立力と相互作用関係にあるものもあります。さらには自立力の原因的要因であると同時に、結果要因にも直接影響を与えると考えられるものもあります。ここでは主な因果関係に焦点を置き簡潔に表します。

具体的には、自立力とアイデンティティの形成を中心として、以下のような心理現象に焦点を当てます。しかもこれらを、主にピアジェとエリクソンの精神の発達段階を参考に、思春期前期と、全般に分けて解決方法を探っていきます。と言いますのも、児童期から青年期に入っ

図表1　本書で取り上げる31の問題と自立力の関係

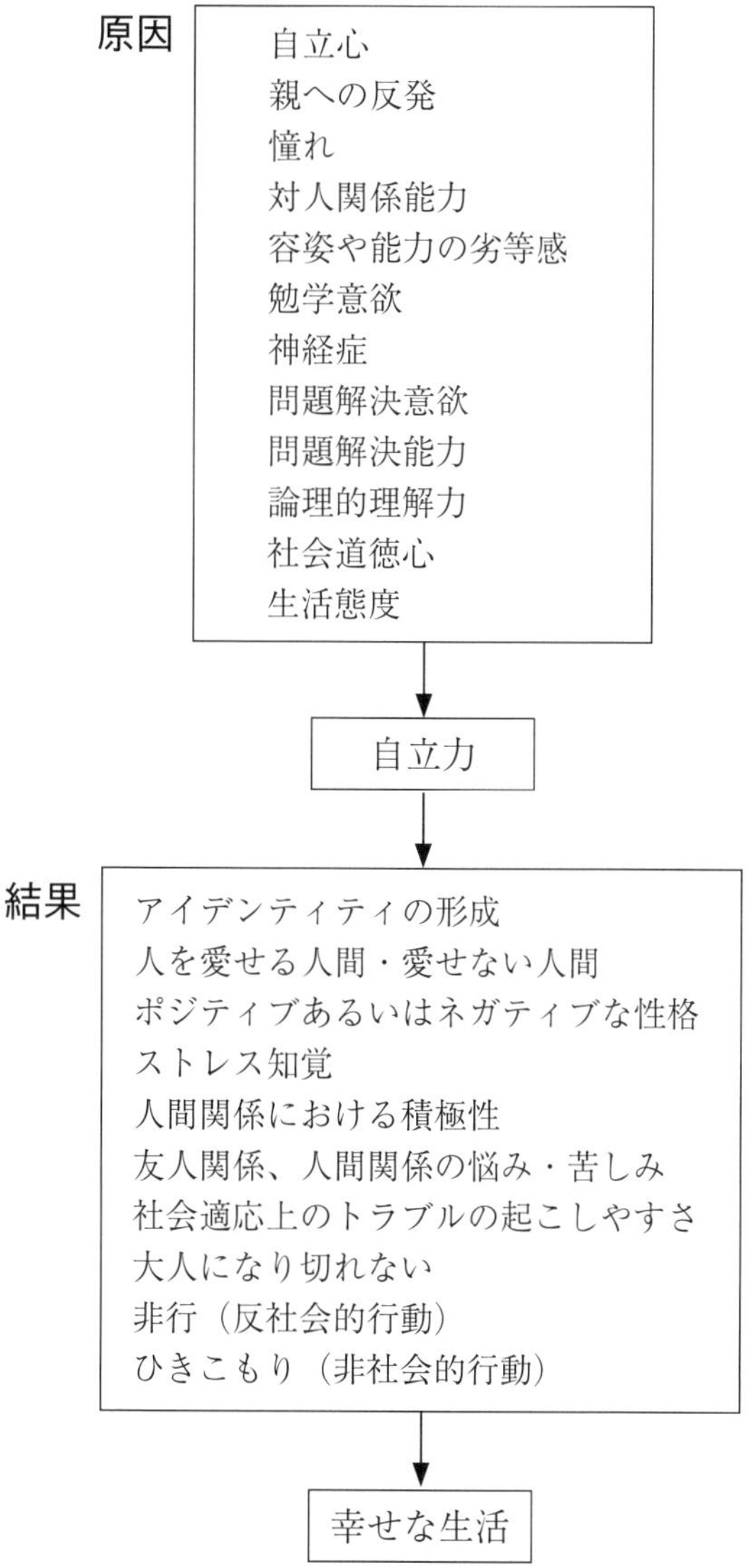

てきた思春期前期（12歳～14歳位）の子供たちは思春期全般（12～18歳位）に見られる問題行動とは少し違った行動を取るから、解決方法も違ってきます。だから、思春期前期と全般で、問題行動の項目名称がたとえ似ていても、解決方法は違います。ちなみに本書では、フロイト、ピアジェ及びエリクソンの理論に関しては主として巻末の引用・参考文献3、4、6、19、21、22、30、34を参考にしました。

a．子育て上の個別的問題

・情緒（気持ち、感情）面

自立心、自信、やる気、正直、自己肯定力、共感力、不安・ストレス、欲求・願望

・思考面

考える力、知能、意思決定力、問題解決能力

・人格面

自立力、アイデンティティ、性格

・行動面（個人行動、社会行動）

遊び、勉強、親への反抗、暴力行為、いじめ、不登校、引きこもり

b．子育ての基本（しつけも含む）

しつけの仕方、愛着行動、子供の幸せ

Ⅱ　思春期（青年期）の特徴

子供の情緒、思考などに関する研究の第一人者といわれるピアジェ（後述）は、青年期に人格が完成されるという（3、6、21）。強い人格を持っているというのは、単に性格がきついとか頑固とか主義・主張が強いということではなく、その人が理想を体現していたり、自己の全意志や全活動によって1つの立場を守り抜いていたりする時に現れます。その基礎には、強い自立心と自立力があります。

そもそも青年期という言葉は、成長（ラテン語のアドレスケーレに由来）という意味であり、通常10代を意味します（3）。心理学者・教育学者のホール（Hall,G.S.）は青年期を「シュトゥルム　ウント　ドランク」（疾風怒濤の時期：18世紀ドイツで文学者と音楽家を中心に沸き起こった表現の全面的な自由を推奨する運動）と呼んだ。つまり青年期は自己認識と行動環境が日増しに拡大していき、情動的な混乱と反抗の顕著な時期で、「穏やかだがむら気のある態度から荒々しい無茶なふるまいまで、行動も全く一定しない。強力な感情と新しい感覚を求めてやまない。単調さや月並み、細かいことには我慢できない」ものなのです。しかし青年期は新たな誕生の時なのです。つまり青年期は、より高度で一層複雑な人間的特徴が生まれてくるという意味で、新しい誕生なのです。この期は、人間の魂の内にある、最悪の衝動と最高の衝動が支配を争い合う時期でもあります。

しかもこの青年期は、身体的には大人に近づくが、精神的には自立した大人になり切れていないという意味で過渡期であり、また集団への所属が不安定な過渡期という二重の意味で、青年期は境界人です(14)。心理的に極めて不安定な状況にあるのです。

思春期（青年期）はまさに人生において疾風怒濤の時期です。しかしこの混乱、混とんとした状況の中から、ある若者は生きることの意味や人生の方向性を探り出す。また別の若者は生きることの意味を見出せず、ただ漫然と生活していったり、非行に走ったり、引きこもってしまう。若者は夢と希望に燃えつつも、前進と挫折を繰り返し、不安と失意にさいなまれる。その結果、その不安や不満は一部の若者を反社会的な行動や非社会的な行動に駆り立てる。

子供が思春期（青年期）に入ったら、子育てはどうすればよいのだろうか。フロイト（S.Freud,1856-1939：精神分析学を創始し、現在の臨床分野でも支配的な理論と実践手法を開発しました(30))、エリクソン（Erikson,E.H.,1902-1994; フロイトのリビドー（身体的快感および心理的満足を得ようとする活動全般を発現させるエネルギー(30)）の発達段階を踏まえて、個人を個人たらしめているアイデンティティの観点から、統合的な人格理論を展開しました(3、4、30))、ピアジェ（Piaget,J.,1896-1980：子供の情緒、思考、推理、問題解決の在り方の研究では、第一人者。１９７０年代と80年代を通じて、ヨーロッパとアメリカの教育システムの根本的な改革に寄与した(3、21、22、30)）をはじめ多くの発達心理学者が多くのさまざまな提言をしています。しかしその基本は、上述しましたが、子供に愛情をどう注げばいいのか、子供の危機克服（問題解決）能力をどう高めればよいのか、という2点に尽きるでしょう。

本書は、年齢範囲ごとの発達段階で、言語機能と運動機能は割愛します。

思春期（青年期）の一般的な特徴

青年期の人格発達上の特徴としては、次の7つが顕著だといわれます（4、13、14、32、34）。

1．自己主張

2．反抗

第二反抗期（青年期に出現）は、一個の独立した人格として確立しつつある自我（欲望のままに生きている自分）が、環境（主に親や周囲の人たち・社会からの要求や規範、価値観、制度、文化など）と矛盾・対立をはらむことから起きます。反抗の対象は広く、親、教師、年長者から社会的権威、制度、社会や文化、政治の在り方にまで及びます。

青年期は、自己に対する否定的傾向が強いが、その基礎にある感情が、自己嫌悪感です。これは、過去の自己を否定することによって、新たな自己の価値や世界を見出す契機として働きます。そしてさらに発達していくにつれ、今度は自己肯定感が強まり、青年期を終えていきます。

また青年期には、成人の標準的な考え方や価値観などに対して、逸脱や対立的価値が追求されます。その反面、成人の標準に一致し、積極的に支持される価値を実現しようとする行動も存在する。このような行動の典型が社会的支援、社会貢献といったボランティア活動です。これは、青年期における理想主義的な価値の追求と、比較的緩やかな社会的拘束に基礎を置いています。青年は、奉仕活動を通じて、自分というものを真剣に見つめ、独立性を高め、アイデンティティを形成していくのです。

3．自閉的傾向

青年期は、劣等感の強い時期であり、特に自分の能力や性格、容姿、性器や性的成熟度、性的能力に不安を抱きやすいといわれます。

4．心理的離乳（親離れ）

子供は乳児期の親への絶対依存から、幼児期、児童期そして青年期に入ってくると、心身の成長に伴い、さまざまな能力が発達していき、次第に親からの種々の制約や親への依存から脱却していきます。そして自分の判断と責任において行動しようとするようになります。これを心理的離乳（親からの離脱）と言います。

青年期の心理的離乳では、親からの独立とりわけ経済的独立が青年期の発達課題です。

そのために一般に、青年期に職業の選択と準備が必要となります。しかしこの職業選択では、経験の欠如による不適切な選択の危険が絶えず存在しているのです。

5．情緒不安定と社会不適応

青年期は、児童期から成人期への過渡期として、社会適応上のトラブルが起こりやすく、人生における危機的時期でもあります。実際、この期に起こる代表的な適応障害は、精神病や神経症といった精神病理的症状から、閉じこもり、家出、ヒッピー化、自殺、性の自由化、薬物依存などの社会規範からの逸脱、さらには非行や犯罪にまで及びます。このように多様な現象から明らかなように、反社会的行動や非社会的行動の発生の原因は、主として生物学的変化（身体的能力の変化）によるものから、社会的条件によるものに及ぶのです。たとえば、非行は、本来正常であった欲求が、不適切あるいはまた不満足な人間関係によって歪められ、社会的に受け入れられない状態となったものなのです。

6．生活空間の拡大と、価値的世界への開眼

青年期に至って、初めて世界観（自分が生活している、統一的な全体としての世界について持つ観念の体系）が形成されていきます。この世界観を通じて、青年は自己や、自己を取り巻く世界の中のさまざまな対象（観念、価値観、考え方、出来事、他人、物）を認知し、意味づけ、価値判断をしていきます。

この世界観は、幼児期からの発達を通して、変化し、再形成され、青年期の生活に一貫性を与え、その生涯に大きな影響力を持つ。しかもこれは、幼児期からこれまで拡大し続けてきた生活空間を整理、統合し、アイデンティティと、これからの生き方を明らかにしたいという青

年期の欲求に根差すものなのです。

青年期になると、生活空間の拡大、抽象的論理的思考力の発達、自己の確立などを背景に、社会を1つの全体として対象化し、そこにおける自己の位置づけを明確に意識するようになってきます。青年期の社会意識は、この時期の心理的特徴を反映して、進歩性、一面性、極端性という特徴を持ち、さらにこれが成人期の社会的行動も強く影響づけていきます。

7. 性的成熟

性的成熟の萌芽は、児童期（6～11歳位）に現れ、異性への関心が強まると同時に、異性に対する反発や敵意といった嫌悪感を伴ってきます。

青年期に入ると、第二次性徴（女子は乳房が成熟し体毛が発生し、初潮が始まる。男子は2～3年遅れて、変声、体毛の発生、射精が始まる）が出現してきます。その結果、性的興味や性的空想、性欲、異性との接触要求が起こる。しかしこの期には、社会や文化的な影響も強い。たとえば社会によっては性的欲求に対する激しい禁圧や、性的成熟への促進現象もあります。特に、性役割（男らしさ、女らしさ）の内容は社会や文化によって変動し、現代のモノセックスなどの傾向も社会的な価値観の表れです。

この期の女子は、他人とくに男性の「まなざし」の中に特殊な性的情感を読み取って、セルフコンセプトを変えていくことが多いのです。とりわけ自分の容姿や容貌を問題視します。

また、この期は男女ともに、性的欲求に対して罪悪感や不潔感、自己嫌悪感を持つことがあります。性的アイデンティティを確立できず、困惑と混乱に陥ることがある。男女ともに、「性」が罪悪感、羞恥心、不浄感、自信、異性への愛・憎しみ、支配欲、冒険欲など、どのような情動と結びつくかが問題なのです。

生活全体が健康で、未来への理想に燃え、積極的に生きている青年にとって、性的欲求は自然で健康な生理現象です。しかし希望を失い、生活が退廃した青年の場合は、虚無的な刹那主義や虚栄心、支配欲、倒錯心理によって性欲が動かされることが多いのです。

要するに、青年期に社会適応上のトラブルが起きる原因には、上述の通り、さまざまなものがあります。これらのトラブルは本来若者が自らの意志と努力で克服していかなければならないものです。しかし、もし親や教師がこの克服を支援するとすれば、社会に適切に適応させるうえでの青年期の教育指導の適正化でしょう。それは本質的に、青年自身の自覚を促進させるものでなければなりません。そのためには、賞罰主義やしつけ、鍛錬主義ではなく、徹底的に自発的な自己洞察をさせるものでなければならない。つまりアイデンティティ確立を志向させる自己洞察の支援が必要になります。そのような自己洞察を高めるには、その青年個人の発達段階、生育環境、能力の３つに応じた、「問い」（課題）を与えて青年自身に解決させていく必要があります。しかしこれが実は非常に難しいことなのです。

以上、思春期に特徴的な一般的傾向を説明しましたが、思春期は実は前期と後期に分けられます。前期は主に中学生、後期は高校生を指します。子供は、この2つの時期で、かなり違った考え方や行動をします。つまり発達段階に大きな相違が見られると言ってもいいでしょう。とりわけ前期が思春期全体、そして成人期に非常に強い影響を与えます。たとえば思春期前期に偶然知った、あるいは体験した考えや感情が、後期になってさらに強まったり、逆に弱くなったり、また複雑化したり多様化したり、巧妙化したりして、成人期の生き方や職業生活を決めてしまったりします。

思春期前期（12～14歳頃：中学生）

青年期（12～20歳位）は、思春期前期（12～14歳頃：中学生）と思春期後期（15～17歳あるいは20歳頃：高校生あるいは大学生前半）に分けられます。青年期で最も重大な問題は、アイデンティティの形成です。この形成は通常、思春期前期頃から始まります。そして主にそこから青年期特有の問題行動や異常心理の問題が発生してくるのです。

この思春期前期では、子供は児童期の合理的思考や社会性の発達のアンチテーゼとして、矛盾や不合理、自我の葛藤など、すべてを否定し、批判し、破壊的になります。これは拒否症とも呼ばれ、親子関係や教師との関係で子供が反抗的態度や行動を取る原因にもなります。

また、この思春期前期の時期には、児童期までの親への依存を脱却して、親から独立しようとする、つまり心理的離乳が始まります。しかし親の対応の仕方によっては、かえって依存を強め、独立と依存という2つの力の間の葛藤が強くなります。たとえば、両親への愛・尊敬と否定・拒否のバランス、親への同一視と異質視の混合、エディプス・コンプレックス的な誘因と反発（後述）など、かなり複雑な親子関係が生まれてきます。しかし、大部分の青年は、思春期後期（高校生段階）で、これらの葛藤を克服し、次第に親との間に、1対1の人格的関係を確立していきます。

　これらの過程を通じて、青年は次第に自己を形成していきます。失敗や挫折、成功を通じて、自立心が育ち、社会化を果たしていきます。ホール（Hall,G.S.）は、13～20歳の時期を疾風怒濤期と呼びましたが、最近の研究によれば、この疾風と凄まじいストレスの時代でも、社会が子供を児童期から成人期へ穏やかに移動させることができれば、激動が起こらないといいます。

　子供が大人になっていく際の橋渡しをする時期が思春期であり、とりわけその最初の時期つまり思春期前期が特に大事です。そこでまず最初に、子供が思春期に入って初めて体験するさまざまな問題を子供自身のみならず、親や教師たちがどのようにして解決したらよいのかについて触れ、次に思春期全般に見られる問題の解決方法を提案していきます。

Ⅲ　思春期（青年期）の問題の解決方法

以下の解決方法は、子供自身が自己改革できれば問題はないが、そうでない場合に親や教師が解決を促進する必要がある場合を想定しています。

思春期前期（12歳～14歳位）

感情

自立心が弱い

子供の自立力を強くしたいという場合、親はしばしば子供にいろいろな経験を積ませようとします。しかしこれはほとんど意味がありません。自立力の主要な構成要素（対人関係能力と問題解決能力）を強めることが基本です。ところが自立力と相互作用の関係にある自立心、つまり自立の意志を強めるとなると、本来はアイデンティティの形成・確立が求められます。しかし児童期から思春期に入った子供を想定すると、子供が中学生になり児童期までの親への依存を脱却して親から独立しようとする心理的離乳（親離れ）が進みますが、自立心が弱い大きな原因はその心理的離乳がうまくできてないからだと考えられます[14]。

親離れができない原因として幼児期、児童期の独立心の弱さが挙げられます。幼児期、児童期の独立心の弱さは大きく次の2つが原因です(17)。

1．独立の障害

外で遊べない子供、友達と遊べない子供、内弁慶の子供、幼稚園や学校恐怖症の子供、おとなしすぎる子供、いじめられているばかりの子供、興味や意欲の乏しい子供などに、しばしば独立の障害が見られます。この極端な例は神経症的児童です。障害の強い子供には、つねに強い不安があり、その不安は主に母子関係の断絶への不安です。だから母親との愛着関係を絶えず確認しなければならないのです。子供としては、親にしがみつき行動を強く頻繁に取りますし、親の反応（表情や言葉、態度、行動）に極めて敏感になります。このような不安に満ちた行動が子供の独立性の発現を妨げ、母親依存の行動を固定させてしまいます。

また独立の障害のもう1つの原因として、依存の過剰学習と呼ばれるものがあります。この典型が過保護児です。親が育児に強い不安を持っているために、ついつい子供を構いすぎたり溺愛したり、自分の都合で（欲求充足のために）子供を常に自分の傍に置く場合、子供には母親への過剰な依存が生まれ、親の傍にいることで安心感を得、外界を恐怖に満ちたものと感じるようになってしまいます。この結果、子供の自然な独立心の発現が妨げられてしまいます。

2．しつけの障害

しつけのやり方によって子供の独立心が変わります。しつけが緩すぎれば、社会道徳のルールに従うことが困難な子供になってしまいます。甘やかされて育った子供に反社会的な成人が多いのですが、こういう子供は現実をなめてかかり、自我の実現に固執し、社会不適応な行動を生んでいきます。もちろん忍耐力も身に付きません。

逆に、厳しすぎるしつけ、とりわけ禁止が強すぎる場合、子供は厳しい親のしつけに適応しようとして、生き生きとした自然な成長が阻害されてしまい、いわゆる子供らしさを失ってしまいます。また、強いフラストレーションにたえず陥り、攻撃的、退行的、あるいは過剰補償的な性格を身につけてしまい、これが社会道徳のルールを身につけるのを妨げてしまいます。さらにさまざまな形の防衛的神経症的な性格が形作られ、強迫神経症的な子供になっていきます。この点はフロイトがすでに指摘している通りです。

要するに、厳しく育てられすぎた子供は、子供本来の生き生きとした明るい活発な活動的な面を失い、自分を親が求める固い枠の中に閉じ込め、他人に対してもそれを強く要求していくようになります。この結果、さらに孤立してしまい、社会性も失われて、対人関係能力も身に付かなくなってしまいます。しかもこれは悪循環になります。

このような２つの障害にあまりかかわりなく、健全に育った子供は強い独立心を発達させることができます。水島（17）によれば、強い独立心を持った子供（幼児、児童）に育てるキー・ポイントは理論的には次の２つです。

・親への依存心を弱める

自立行動の学習です。母親が子供の養育にかかりっきりになるのではなく、少し距離を置いて子供の成長を見守り、子供の自主性を尊重するようにすると、子供は母親を当てにせず、自らの行動で自らの欲求を満たしていくようになります。しかも幼児期初期の段階で、発達心理学上、子供自身に明確に、外界への好奇心や自分の意志で探索する傾向が自然と育ってきます。しかしこれは、不安を感じないことが前提です。ここに母親の強い愛着行動が非常に重要な役割を果たします。

　つまり子供は母親との間に豊かな愛着関係があると、周囲の環境に好奇心が強まり、探索行動も活発になっていきます。

・現実適応力（社会規範の学習能力）を強める

　これにはさまざまな方法があります。たとえば、親が求める活動（社会的に望ましいことや、能力の向上を示す行動、など）をしたら報酬（金銭や承認、内発的報酬）を与える、とりわけ褒める、親が大きな喜びを表すことが大事です。この結果、子供は報酬を求めて、自ら積極的に活動していきます。親が求める活動は通常親や周囲の人を模倣して学習していきます。だから親は子供の手本になるように活動しなければなりません。

　しかし罰を与える時は、なぜ与えるのかということについて、子供にもわからせる必要があります。そうすれば、子供の学習力は高まります。

　こうして、独立心の強い子が育ち、結果として自立心の強い青年に育っていきます。

　ところで前述しましたが、子供は思春期に入ると、通常自ら、失敗や挫折、成功を通じて、自然と自立心が育ち、社会化を果たしていきます。しかし両親の対応の仕方（とくに愛着行動としつけ）によっては、かえって依存を強め、自立と依存という2つの力の葛藤が強くなります。たとえば、両親への依存と自立のバランス、親への同一視と異質視の混合、エディプス・コンプレックス的な感情（誘因と反発）など、かなり複雑な親子関係が生まれます。しかし、大部分の青年は思春期後期（高校生段階）で、これらの葛藤を克服し、次第に親との間に、1対1の人格的関係を確立していきます。

ちなみにフロイトは、異性の親に愛情を向け、同性の親をライバルとして排斥しようとする無意識の感情をエディプス感情といいます（本来5～6歳頃の特徴です）。女子は、自分にはないペニスを持ちたいという願望があり、父親へ愛着を向ける。男子に比べ、劣等感を持ちやすく、ないものねだりをしたり、男勝りの行動をしたりします。この時期の子供の性格の特徴は自信を持つ、目立ちたがる、ヒステリーを起こしやすい、などです。この時期に子供は、とりわけ男子は自信を持ち始めます。この期をうまく過ぎると、子供は男らしい、また女らしい性格を獲得していきますが、過度の性的禁圧などによって固着が起こると、エディプス状態は一生残り、後の神経症の基盤を作ると言われます。

解決方法

先ずは子供が親から精神的に独立しようとする心理的離乳がスムーズにいくように暖かく見

守って下さい。そのさい特に重要なことは親が子供との間に豊かな愛着関係（後述）を築いていることです。これは青年期でも大事なことです。とにかく子供が家庭でも学校でも不安を感じることがなく、ものごとを自主的に考え、判断し、行動できるように支援して下さい。これが子供の自立心の発達を強く促進します。

たとえば、親は、子供の親に対する反発にいちいち目くじらを立てたり、親の考えや方針、助言、指導を強要するのではなく、子供の考えや行動を基本的に認め、温かく見守る必要があります。自立心というものは本来子供自身が自然と身につけていくものなのです。

進路や職業の選択や友達関係、身体的な問題、経済的な問題などに関して強い悩みを抱えている限りにおいて、相談に乗る、子供と一緒になって解決策を考える、子供が受け入れられる範囲で指導する、ということが望ましい。問題の解決・克服の主体はあくまでも子供自身なのです。こうして子供の自立心を育て、強めていって下さい。

また、上述の通り、自立力と自立心は非常に緊密な関係にあります。自立力の形成の基本は対人関係能力と問題解決能力です。これらを高めるためには、後記の当該箇所をご覧ください。

親に対する反発が強い

原因は、中学生になると、子供は親に対して葛藤した心理を持つからです。

子供は中学生になってくると、親に対して、次のような葛藤した心理を持ってきます(27)。

・独立欲求と依存欲求の葛藤
・親への愛情と、尊敬・不満・憎しみの対立

たとえば、母親を愛しているが尊敬できないとか、父親は尊敬できても愛せない。

・エディプス・コンプレックス的な、性的誘因と反発
・親に対する同一視と異質視の対立と葛藤

たとえば、異質視としては「親のあいうところは見習いたくない」（親を反面教師視にする）。

しかも、この時期は、子供の性別にかかわらず、以下の傾向が強くなります。

・家の雰囲気が面白くない
・大人の社会は矛盾に満ちており、不合理なことが多いと感じている
・人生をいかに生きていくべきか、よく分からない
・親は子供の性格や能力、関心を本当には分かっていないと思う

このような傾向が強い子供は、不安、不満、懐疑心が親への強い反抗となって現れています。これを友達や信頼できる人たちと共有できれば、自立心がさらに強くなり、自立力も高まる場合があります。しかし共有できる人もいなくて、ただ一人で悩んでいる子供は、逆に自立心が強くても対人関係能力が低下し、自立力は低下するでしょう。

解決方法

親は、まずこの時期の子供が複雑な心理状態に置かれていることを認めなければなりません。そのうえで、子供が当面強く感じている葛藤を緩和できるように支援する必要があります。たとえば、親の生き方を子供にきちんと理解させたり、楽しい家庭を作る努力をする。また、現実社会の矛盾や不合理な点について、子供とよく話し合い、それにどう対応していけばよいのか、一緒になって考えだすことも有益でしょう。とにかく親子の間に強い信頼関係を作り、親密なコミュニケーションを通じて、子供が心理的葛藤を少しでも解消できるように支援する、場合によっては親も一緒になってその解消に取り組むのが良いでしょう。

あこがれ（憧憬）が強く、何事にも中途半端で、コツコツと努力しようとしない

この問題の解決では2つのケースを検討し、2つの解決方法を提示します。

ケース1.

原因は、青年期とりわけ思春期前期の子供は、求めようとしても得られないものを欲したり、理想的な感情体験に憧れる傾向が強いからです。

何かに憧れるということと空想するということは違います。人は誰でも「こうしたい、こうなりたい、こうであったらいいなあ」といった願望を持っています。願望を満たすために

さまざまな非現実的な連想をすることがあります。これを空想と言います(6)。寝ている時でなく起きている時に、空想が次々と湧き、あるいはまた特定の空想にとりつかれて、放心状態に陥っていれば、それを白昼夢と言います。これが次第に妄想や幻覚に変わっていくと、精神疾患になります。空想に身をゆだねて、現実を生きようとしない空想家（夢想家）に自立力を求めても、それは無理なことです。しかし普通の人でも、空想に陥るとしばしば我を忘れたり、現実をきちんと見ることができなくなります。また考えていることと現実の区別がつかなくなるといったことも起こります。ただし注意力は失っていませんから、現実的態度や思考にすぐに戻ります。普通の人の場合、何かに憧れるというのは夢を描くことであり、その実現に向かって努力することができます。しかし空想家にはそれができません。そうはいっても、若い時は、多くの人が空想に耽ります。

そもそも憧れというのは実現できないと分かってはいるが、そうであったらいいなーという願望や期待のことです。反抗や孤独感、劣等感などは、楽しさや喜び、満足、崇高なもの・美しいもの・力強いものに対する憧れの裏返しとも言えます(13)。思春期の憧れは、虚しさややるせなさ、劣等感などといった不快な感情が解消されて、そうでない状態になって欲しいという単なる期待、願望の場合が多いのです。どうすれば、その願望や期待を実現できるのかが分からないし、ただ憧れている場合が多いのです。

しかし、子供たちはやがて、楽しさや喜び、満足などの実現のために今の自分に得られる特定の対象（人やモノなど）を選択し、それに慰められたり、力づけられたり、喜びを感じさせられたりする段階へと進んでいきます。たとえば、自分を理解し共感してくれる友人、美しく崇高な自然、芸術や宗教・哲学・科学などに強い関心を持つようになります。そうして単なる憧れの時は消え去っていきます。普通は思春期後半くらいになると、憧れを具体的な目標に置き換えていくようになります。

こういう過程を経て、子供は具体的な体験を通じて精神的に発達していきますが、逆に憧れがそれなりに実現できないと、向上心を失ったり、無力感を強め、努力を放棄し、問題行動に走ることがあります。つまり憧れに少しでも近づこう、実現しようという努力は自立力を強めることになります。

解決方法

憧れが強すぎて現実を見ようとしない、現実的な行動ができない若者は、エリクソンが言うアイデンティティの強いモラトリアム状態に陥っているのかもしれません。この場合の解決方法は「思春期全般（12歳～18歳位）行動『**まじめに生活をしようとか、きちんと生きていこうといった傾向が見られない**』」を参考にして下さい。

しかし、若者によく見られる、何かに強く憧れて日々の生活に支障をきたしているとか真面目に努力しないといった場合、親や教師はまずは、子供の憧れを少しでも実現できるように支援することが必要です。具体的には、それに応じたさまざまな経験を積ませることです。またモデルになるような人を教えることも効果があるでしょう。たとえばプロ野球選手になりたい子供には、野球が楽しくやれるような生活環境を整えたり、野球をするうえで求められるさまざまな能力の向上のために、自信を強めることも有意義でしょう。いずれにせよ、子供が持つ憧れは大事にしなければなりません。

　憧れがそれなりに実現できないと、子供は向上心を失ったり、無力感を強め努力を放棄してしまうことがあります。こういう場合には、憧れもしくは強い興味の対象を別の方向に変えるように方向付けることも大事です。子供が憧れの対象を変える際に、しばしば友達が重要な影響を及ぼします。だから親としては、子供がどういう友達と付き合っているのかを知り、それに応じて子供に付き合い方などについて提案なり助言を与える必要があるかもしれません。とにかく子供に対して、たとえ中学生の子供であっても、無責任な放任はしないで下さい。

ケース2.

　原因は、勤勉さが身に付かず強い劣等感にさいなまれているからです。

前述しましたが、憧れが強すぎると、しばしば勤勉さが失われてしまいます。エリクソンによれば、勤勉さ（何かに真面目に一生懸命に取り組む）というのは6〜12歳頃の発達課題（身につけるべき課題）です（4、30）。このいわゆる小学生頃に、子供は家庭や学校、仲間に参加し活動するのに必要な諸条件を教え込まれ、家庭や学校などの活動に参加しているという参加感や勤勉さの感覚を発達させていきます。そして単に家族の一員としての父母ではなく、周囲の人たちや友達と交わりながら、働いて家族を養っている父母のようになりたいとか、なりたくないといった具体的な希望や見通しをつけるようになっていきます。

勤勉さが身に付かない時は、親や教師、周りの人たちから課せられた、あるいは求められた課題や役割に集中できずに期待に応えられないとか、その時の気分で過度に打ち込みすぎて自分を見失ってしまうということが起きてきます。つまり集中力の欠如のみならず、一時的な意識過剰や競争への固執といった傾向が生まれます。しかも知能が高く、才能に恵まれ、勉強やスポーツで優秀な成績を上げたことがある子供が、勤勉さが身に付かず強い劣等感にさいなまれてくると、次のような傾向を示してきます。

・勉強や課外活動、社会性などの能力を失い、何かしようという意欲もなくなってしまう
・その結果、周囲の人たちとの社会的な交流や遊びを失い、空想に囚われたり、漠然とした不安に取りつかれてしまう
・そしてその代わりに、退行して幼児化してしまったり（幼児のような態度や行動を示し幼児的な目標や空想に耽る）、再びエディプス的葛藤（一方の親を性愛の目標とし、他方の親を邪魔物と見なす）に陥ってしまう。しかしこういう傾向はエディプス期への逆行と単に解釈してはなりません。それは、もう一度生まれ変わりたいという願望であり、社会的現実に向

かっての第一歩を学び直したいという願望でもあり、親や教師、友達との接触、活動、競争などをもう一度やり直すことを改めて許容してもらいたいという願望なのです。

このような傾向の子供は、基本的に自立心が弱くなり、結果として自立力が低下します。勤勉性を身につけ、早く劣等感から解放されることが求められます。

解決方法

親や教師は、勤勉さがない、あるいはそれを失ってしまった子供に勤勉さを身につけさせるには、少なくとも、その子供の優れた面（たとえば、優れた絵の才能や、語学の才能、算数や数学の才能、スポーツ能力、機転が利く、人並み以上の観察力、など）を見出し、それを褒めながら伸ばしてやり、家庭や学校などでのさまざまな活動に参加しているという参加感を強く感じさせることが必要です。とにかく子供が考えていること、やろうとしていること、やっていることをまず認めて下さい。そして必要と思ったら、それを支援して下さい。

友人関係について強い不安や悩みを抱えている

原因は、友人関係における葛藤を克服できないからです。

この時期は、子供は友人関係において次のような4つの葛藤が強いものです。

・友情への渇望と、自分にとってより良い友情とは何かに関する厳しい判断、そして友達の厳

しい選択

・友情への渇望と、友情の中に浸透する恋愛的要素による友情関係の不安定

この期は男女ともに、異性との交遊関係を強く求めますが、異性の友達がなかなかできませんし、安定した関係を作れません。

・愛情の関係と、力（尊敬、競争）の関係との対立

・孤独への願望と、孤独を恐れるという矛盾

児童期までは友達と遊ぶことが多いが、中学生になると、一人でいることを好む傾向が出てきます。子供らしい快活さや無邪気さが見られなくなり、人前でも妙に黙りこくったり、自分の部屋に閉じこもり読書や音楽に夢中になったりもします。この原因は、自我意識の芽生えと強い関係があります。つまり一人きりになることによって、自分の主体性を守ると同時に、他人の些細な言動に傷つきやすい未熟な自分の弱さを悟られないようにする行動でもあります。このような行動は無意識に行われます。

しかしこのような孤独を求める気持ちや行動と反対に、連帯感を強く求めます。自分を理解してくれる人、自分の弱さや悩みを共有できる人、未熟で弱い自分を愛してくれる人を求めるのです。

これらの結果、この時期は、児童期に見られる仲間や、成人が持つ安定した人間関係や所属集団を持つことができず、混乱した人間関係が生まれます。青年期の特徴の1つである「不

信」、それがもたらす「閉じた姿勢」は思春期前期から現れてきます。しかし、やはり孤独には耐えられず、仲間を求め「おしゃべり」や「一緒に何かに熱中」して、共感を味わおうとします。たとえば、友達と一緒になってアイドルやタレントなどに熱狂する、オンラインゲームなどに仲間と一緒に熱中する、課外活動やボランティア活動に励む、など。しかもこれらの活動は良くも悪くも、青年期の人格形成と行動様式に強い影響を与えます。

友人関係について強い不安や悩みを抱えている子供は、たとえ自立心が強くても人間関係を通じて問題解決能力を高めることができませんので、自立力は低下していきます。

解決方法

親や教師は、子供が孤独を求めているようなときは、そっとしておく必要があります。反対に、友達と何かをしようとしている時は、社会倫理に抵触するようなことでない限り、温かく見守ってください。場合によっては、支援して下さい。また、子供が自分を理解してくれる人、自分の弱さや悩みを共有できる人、未熟で弱い自分を愛してくれる人を求めているようであれば、親や教師がその人の役割を買って出ることも必要でしょう。

自分の容姿に強い不満を持っている

これは性的に成熟してくることも重要な原因ですが、基本的にはアイデンティティの未確立にあります。

性的成熟が容姿の不満にどのように影響するかについては、前述の「思春期（青年期）の一般的な特徴　7．性的成熟」をご覧下さい。

中学生になると、子供は男女ともに通常次のような傾向がありますが、それはとりわけ友人たちや人の目を強く気に掛けるからです。

・眠れなくて困ることがある
・体格や容姿について、他の人に引け目を感じる

これらの不満や傾向の根本的な原因は、明確に言えば、アイデンティティがまだ確立していないからです。それでは、それを確立するのにはどうすればよいのでしょうか。

自分の容姿に強い不満を持っている子供でも、外向性や積極性、挑戦意欲が高いといったポジティブな性格であれば、その不満を梃子に自立心や自立力を高めていく可能性が大きい。しかしネガティブな性格が強ければ、その不満がさらに増幅してしまう危険があります。

解決方法

親や教師は、子供がアイデンティティを確立していくのを支援して下さい。具体的には、次の4つを、子供が感じられるように支援して下さい。

・自分は自分であり、これこそがほかならぬ自分である

・この自分でよいと思う自己肯定感と、これからもこの自分でやっていけるという自信が持てる
・この自分は周りから受け入れられているし、社会（クラスあるいは家族、仲間）にとっても価値のある人間であるという、自己の存在感や有能感が持てる
・この自分が好きだという健康な自己愛の感覚を持ち、自分らしさがあるという実感が持てる

これらを子供自身に感じさせるには、場所や状況に応じて無数の方法があるでしょう。またタイミングや関わっている人などにも問題があるでしょう。しかし基本は、子供に対する限りない愛情でしょう。

とりわけ子供に、体格や容姿よりも大切なこと・モノがあることを理解させることが非常に大切です。それを子供自身が持っていることを子供に分からせて下さい。それに自信を持たせて下さい。どんな子供にも何か1つはいい面、優れたところがあります。また人はさまざまに異なる個性を持っているという多様性を理解させることも重要です。

勉強や学校生活が面白くない、やる気が起こらない

原因は、勉強に自信がない、クラスで人間関係がうまくやれない、また現実の社会のことがよく分かっていないからです。

この時期の子供は男女ともに(13)、

勉強に関する主な悩みは、

・成績の悪い科目があって困る
・勉強する気になかなかなれない
・上手な勉強の仕方が分からない

学校生活に関する主な悩みは、

・先生と十分話合うことができない
・ホームルームがつまらない

さらに、卒業後の進路については、

・将来どういう方向へ進んでよいか分からない

じつは、これらの悩みのほとんどの原因は、アイデンティティの未確立にあるのです。そもそもアイデンティティの主要な形成要因は職業選択、性的構え、両親との関係、他者との人間関係、価値観、イデオロギーもしくは宗教です。

ウィットボーン（Whitbourne,S.K.,1979.）は、青年期以降の個人のアイデンティティ・ステイタスの形成過程を明らかにしています[30]。彼は基本的に、危機克服力（問題解決能力）がアイデンティティを形成するといいます。そうすると、危機克服力を高めるうえで、自信、ストレス耐性などを強めることが重要になってきます。つまり心理社会的な危機の事態（たとえば、親や友人たちとどう向かい合っていけばよいのか、自分に向いているあるいは自分を生かせる職業とは何か、就活はどうすればよいのか、就職先はどこにすればよいのか、結婚後どういう家庭を作りたいか、大事な取引先との交渉で成功するにはどうすればよいのか、など）というのは、常に潜在的に存在しています。しかし、それを危機と捉えるかどうかで、そしてそれをどう克服していくかどうかで、青年はアイデンティティ形成において異なる道を歩むのです。青年がある問題を危機とみなす場合、一時的にモラトリアム状態（危機を体験している最中で、迷いながらも、自分が傾倒すべき対象を見つけ出そうと、もがいている状態）に陥ることがありますが、解決策を模索し、その危機を克服した時、人はアイデンティティ達成（確立）の状態になります。

他方、克服できない時は、3つの道に分かれてしまう（後述）。1つ目は、危機的状況を避け、ただ単に心理的な安定を求めて、安易な解決を求める状態（早期完了型）。2つ目は、危機の中で悪戦苦闘している状態であれば、それはモラトリアムの状態のままです。3つ目は、解決の努力を放棄し、もうかかわりあわないとか、成り行きに任せるといった状態であれば、アイデンティティ拡散状態です。

勉学意欲が弱いということは、新たな問題解決能力を身につける可能性も低い。自立力が高まる機会を捨てていることにもなります。

解決方法

親や教師は、子供の不安や悩みの解決に尽力する必要があります。勉強の自信を高めるには、自己効力理論に基づく方法が有効でしょう（「**強い劣等感を取り除いてやりたい　ケース1.**」を参照して下さい）。またクラスの中での人間関係の改善には、子供自体の対人関係能力を高める必要があるし（「**人間関係に苦しんでいる子供を何とか助けたい、力になってあげたい　ケース1.**」を参照して下さい）、特に教師は少なくとも子供たちの間に楽しい人間関係が生まれるようなクラス運営をする必要があります。

神経症の発生

原因は、フロイトによれば、トラウマ（心的外傷）体験です。

実は精神病と神経症は明確に区別するのは難しいと言われます[30]。しかし神経症の症状の中で最も基本的なものは不安だと言われます[6]。神経症の症状で代表的なものには不安神経症、ヒステリー性神経症、恐怖神経症、強迫神経症、心気神経症、抑うつ神経症、離人神経症などがあります。

精神分析学では一般に、さまざまな心理現象は経験、本能、不安、そしてそれらの間の葛藤によって引き起こされると考えますが、フロイトによれば、神経症とそれによる行動はトラウマによって引き起こされます。ヒステリーの原因は幼児期に経験した性的虐待（トラウマ）だという。性的虐待の経験が象徴的な記憶となり、無意識のうちに、後に児童期や思春期に神経症が発現します。

強迫神経症についても、フロイトは、自我（願望のままに生きている自分）と、それを抑圧する力（超自我：良心のこと）との間の「妥協」の産物だという[32]。強迫神経症の人は、自分が恥ずかしいと思ったり、心気症（たとえば、実際は何でもないのに自分は病気だと思い込む）になったり、周囲の人に自分の欠点やネガティブの面を気付かれたり、罰を与えられたりすることを非常に怖がります。そこで、彼らはしばしば自分流の儀式を行う。たとえば、寝る前に枕を必ず裏返すとか、外出する前に何かを習慣的にするとか。こうして、幼児期のトラウマなどの強迫的な記憶から身を守ろうとします。

強迫観念とは、形を変えた自己責任感であり、抑圧されると、それが何度も発現してきます。この感情は、幼児期に楽しみながら行った何らかの性的行動（たとえばマスターベーション）と常に関係があるといわれます。こういう記憶が再び動き出して、強迫神経症の人は自分自身というよりも、自分の衝動が信用できないと強く思う傾向があります。

こういう傾向の人には、自立心や自立力の向上はそもそも期待できません。とにかく強い不安を取り除くことが第一です。

解決方法

フロイトによれば、過去のトラウマから抜け出す必要があります。しかしそれは、親や教師ではなく、精神科医の仕事になるでしょう。

思考

ものごとを表面的に見てしまい、論理的に理解できない

原因は、「仮説演繹的思考」が身に付いていないからです。

思春期は、ピアジェの「思考の発達段階」では形式的操作期（11、12歳以降）に当たります[20、21]。その特徴は、

・現実や具体的内容に固執することなく、仮説を立て、それを検証しようとしたり、その仮説に立って考えを推し進めていくことができるようになる

・すべての可能性を検討しようとするようになる。そのためには順列組み合わせの手法が必要となりますが、それが理解できるようになる

・現実の対象だけでなく、仮説的な考え（命題）の間の論理的関係も操作できるようになる

表現が少し難しいので、分かりやすく説明します。子供は中学生頃になると、具体的なものや事柄に固執することなく、記号や関係式（たとえば y=ax+b）を使った思考や論理的理解が徐々にできるようになり、確率に基づいた推論や仮説演繹的な思考ができるようになります。しかしまだ、記号の扱いは未熟で、形式的操作の完成にはさらにかなりの時間が必要です。しかも結果が現実と矛盾しようとも、可能性の文脈で考えることができるようになります。また、

ある問題や出来事を説明するのにも、可能なケースを考え得る限りですべて考え、それらを因果的に体系的に検証することもできるようになります。たとえば振り子の実験で、振り子の速さの変化を説明するのに、系統だった実験をすることができます。糸の長さがその決定要因ですが、いろいろな条件を検討するのは、形式的操作期の段階で初めてできるようになるのです。

この段階で重要なことは、思考の対象になるのは現実そのものではなく、仮説演繹的な命題だということです。つまり6～12歳位までの具体的操作期の段階では思考の対象はあくまでも具体的なものごとでしたが、形式的操作期の段階ではさらに思考そのものも、思考の対象にすることができるようになります。

要するに、この期になると、子供はものごとを表面的に見て理解しようとするのではなく、論理的に考えて、また論理的に見直して、理解できるようになります。つまり、先ずいろいろな仮説を立ててみて、それらの仮説が現実の事柄に合うかどうかを体系的に検討する「仮説－検証の方法」をすることができるようになります。そのため、仮説がいったん受け入れられると、そこから論理的に導き出された結論は、たとえ現実の事実に矛盾していても、真理だとみなす「仮説演繹的思考」も出現してきます。こういった操作的思考を「形式的操作」と呼びます。

しかしこの段階を経て、子供が大人になったとしても、常に論理的、客観的な思考ができたというわけではありません。ザイアンス（後述）は、そもそも人間においては「感情が論理を支配する」と言います(3)。強い願望や激しい感情によって論理が無視され、自分に都合の良い結論を導き出そうとすることがあります。また不得手だと思っている領域では、十分に論理をたどることもできないこともあります(6)。

仮説演繹的思考が身に付いていない子供は問題解決能力を高めることができません。だから青年期であれば、一刻も早くこの能力を身につけることが求められます。

解決方法

親や教師はまず、子供にさまざまな経験をさせて、あるいはさまざまな経験をしなければならないような、またそれができるような状況を作って、現実のものごとに疑問や問題を感じさせて下さい。次に、それを解決するために、いろいろな仮説を立てさせ、それらの仮説が問題の解決につながるかどうかを検討させて下さい。つまり「仮説－検証」という考え方を教え込むことです。仮説が検証されると、そこから論理的に導き出された結論は、たとえ現実の事実に矛盾していても、真理だとみなす「仮説演繹的思考」が出来上がるのです。

また、教師は単に知識や定理、方程式などを暗記させるだけであってはなりません。それらはあくまでも問題解決のための手段であり、それらを実際に活用させ、問題を解決する方法を教えなければなりません。ピアジェも、真の教育というのは子供を創造的に問題を解決できる人間にすることだといってます。

自分一人の力で問題を解決しよう、乗り切ろうという姿勢が見られない。そもそも何が問題なのかもよく分かっていないし、その解決方法も分かっていない

原因としては、親や他人への依頼心が強すぎるとか、問題を解決できる自信がないとか、問題解決の経験が乏しくそもそもどうしてよいのか分からない、などさまざまなことが考えられます。

しかし問題解決というのは、解決しなければならない問題が結婚や進路をどうするか、親が離婚したら自分はどうしたらいいのか、職業選択などの深刻な問題から、気の置けない友達との付き合いや今日の夕食の献立はどうするかなどの軽微でささやかな問題までありますが、その基本プロセスは「問題の発見↓解決策の考案・提起・選択↓問題の解決↓解決後の結果の検討」です。このプロセスの中でもとりわけ重要な、問題の性質を考えてみましょう。問題の性質如何で発見が容易な場合がありますし、また問題の性質によっては解決方法が見つからないとか、たとえ解決策が見つかりそれを実行しようとしても、非常に難しいといったことがあります。解決しようとする問題の性質を考えると、そこには少なくとも次の８つの点を検討しなければならないでしょう。

・問題自体が明確に定義されているのか

たとえば、人を幸せにすると言っても、人によって幸せの定義が違う。

・問題解決の目標が明確なのか

たとえば「美しい絵を描く」、「人を幸せにする」と言っても、それはどうすればできるのか。またその問題を具体的に解決していくために、各段階での目標を明確に立てることができるのか。

・問題がどうして起こったのか（問題発生の原因と経緯・プロセス）がよく分かっているのか、分からないのか

・解決方法が複数考えられる問題なのか

・過去に解決方法が開発されている問題なのか、新たに解決方法を創造しなければならない問題なのか

この場合、解決方法を思い出せばよい再生的問題解決と、過去の開発方法を新しい問題に修正活用して解決しなければならない生産的問題解決、そして過去の知識や技術は役に立たず全く新しい方法で解決しなければならない創造的問題（革新的問題）に分けられる。

・問題の解決に多くの人や組織・機関の協力が必要か、自分一人でやれるのか

・問題を解決したら、どの広さで、また深さで、社会に貢献できるのか、自分一人のためなのか

・問題の解決にどのくらいの時間がかかるのか、短時間で簡単にできるものなのか

要するに、子供がどんな性質の問題を抱えているのかを知ることが大事です。それによって

は、子供は最初から解決努力を放棄します。これを咎めることはできません。

子供に、自分一人の力で問題を解決しよう、乗り切ろうという姿勢が見られない傾向があり、その原因として、親や他人への依頼心が強すぎるとか、問題を解決できる自信がないということであれば、自立心も自立力も弱いのは当然です。自立心や自立力を高めるには、独立心を高め、問題解決能力を高めるしか方法がありません。

解決方法

どんな問題の解決であっても、問題の性質に応じた、解決策を考えださなければなりません。たとえば青年は高校を出てからの進路を決める際に、どうしようかと悩む。この問題を解決する場合も、前記の問題の８つの性質から、人それぞれに対応していくのです。とくに進路や職業の選択では、興味と自信が最も重要です。ある職業に就いても、将来の生活の不安や自分に本当に合っているかどうかも分からない、自分の能力にも自信がない。しかしやってみたい、強い興味を感じている。こういう場合しばしば、その青年はその職業を選択します。その職業で成功するには、何が必要で、それを身につけるにはどうすればよいのかについても分かってはいないでしょう。とにかく青年はたとえ無謀なことでも、やってみようとします。これが良い結果につながるかどうかは、本人も分かりません。しかしやってみなければ、その結果は分かりません。

青年には、いずれにしても、問題の解決、克服に積極的に組むことが必要です。親や教師は、それを暖かく見守り、必要に応じて支援することしかできません。

人格

ピアジェは、青年期に人格が完成されるといいます。フロイトによれば、思春期は性器期（青年期：13歳以降）に当たり、愛の対象を異性に向けるようになり、罪の意識なしに異性との交渉が持てる健全な人格が作られ始めます。他方エリクソンの発達課題では、「アイデンティティ」対「役割の拡散」の葛藤の克服の段階（12～18歳）に当たります。

子供には幸せな人生を送ってもらいたい

この問題の解決では、３つのケースを検討し、３つの解決方法を提示します。

ケース１．

幸せな人生が送れない原因は、ポジティブに生きていこうとしないからです。

人が幸せな人生を送るには、家庭や友人たち、職場で良好で楽しい社会関係を築き、そのもとで社会的に有意義なことに一生懸命に取り組むことが大切です。つまりポジティブに生きていくことです。

そのためには、自分の弱いところやネガティブな面を強めようとするのではなく、強いところやポジティブな面をさらに強めることが大事です。現代のポジティブ心理学の創設者の一人であるセリグマン（Seligman,M.,1942-：ニューヨーク州生まれでペンシルベニア大学教授）は１９７０年代を通じての「学習性無力感」の理論（抑うつ症のような病気の時には、人は悲観的な態度を取りがちで、それは増大していく傾向を持つ）を開発し、80年代以降その治療法の開発に専念した。しかしその後アリストテレスの研究を通じて、人間を不幸にする原因の軽減や除去ではなく、幸福にする事柄の促進にかかわる研究に従事しました。このきっかけは、もともとネガティブな性格であった娘が事故にあったことで、ネガティブな原因を軽減・除去するよりも、ポジティブな強さを高める方が幸福の鍵だと考えるようになったことです。彼の研究によれば（3）、

・幸福な人生には3種類ある。

「良い人生」とは、対人関係や仕事、遊びにうまくかかわり送っていく楽しい人生のこと。これは、持続的な幸福をもたらします。

「有意義な人生」とは、自分や他者、また社会にとって有意義な何かのために行動して送る人生で、これはかなり大きな満足感と充実感をもたらします。

「喜ばしい人生」とは、可能な限りの楽しみを探し求めて送る人生のことで、「喜ばしい人生」を送っている人は、深く精神的に没入した活動をあまりしていない。だから、これは長続

きするものではなく、短命に終わります。

・並外れて幸せで満ち足りた人は、非常に社交的で人づきあいが良い。つまり他者と協調し、一緒にいることを楽しめるタイプです。こういう人は、「喜ばしい人生」を送っているようです。

・「良い人生」と「有意義な人生」を送っている人はいずれもが、それぞれの活動に深く精神的に没入しています。

要するに、良好で楽しい社会関係というものは高次の幸福を保証するものではありませんが、それなしには幸福は生まれません。つまり人が本当に幸福になるには、良好で楽しい社会関係を築き、そのもとで有意義なことに一生懸命に取り組むことなのです。

解決方法

親は、子供の幸福な人生を願い、それを実現させるには、セリグマンに基づけば、次のことを子供ができるように暖かく見守ったり、場合によっては支援することが必要でしょう。

・楽しい友達関係を作る

・何かに強い興味を抱き、それに一生懸命に取り組む。ただし興味の対象は、親の目から見て許容できる、子供自身にとって価値のある有意義なものであるのが望ましいが、決して反社会的なことであってはなりません。

子供の人生の一時期に「喜ばしい人生」があれば、尚更よいでしょう。たとえば、面白おかしく、ばか騒ぎのような楽しい生活を送り、当人にとっては何にもまして幸せな時間でしょう。しかし「喜ばしい人生」だけを求めると、人間関係だけを重視し深く精神的に没入した活動をしないだけに人格的にも能力的にも発達していきません。結果として、一貫した幸福な人生は送れないでしょう。

ケース2．

人が幸せな人生を送れない原因は、先入観や固定観念に惑わされ、どんなことにも自ら経験しようとする積極的な気持ちがないからです。

ロジャース（本ケース末の注1）によれば(3)、

1．健全な精神状態というのは、一連の段階を経て最後に突如として達成されるものではない。フロイトを初め精神分析学者たちが強調するように、欲望や衝動が充足されることによって、神経症的な緊張状態が低減し、結果として精神的健康が得られるというものではない。

　また行動主義者が推奨するような「健全な精神状態は精神的なバランスを発展させ維持するように作られたプログラムに従う」ことによって得られるものでもない。健全な精神状態とは、健全な自己概念（セルフ・コンセプト）を形成していくプロセスを経て得られるものなのです。

健全な自己概念というのは、周囲の人たちからの助言を受け入れたり環境変化に適応しようとせず固まってしまったアイデンティティではなく、あらゆる可能性に開かれ（受け入れ）、絶えず変化し、柔軟に発達しているアイデンティティのことです。

2．「生きる」ということは、死に向かう旅ではなく、死ぬまで、どこまでも成長と発見を続けるプロセスのことです。

3．「良い人生を送る」というのは、充実した人生を送る（人生の流れの中で充実した精神状態を得る）ことです。自己も人格も、経験から作られます。それだけに、積極的に経験しようとする気持ちを、発生するさまざまな可能性にいつでも完全に開かれた状態にしておかねばなりません。そのためには、何かにとらわれたり、固定したりしてはなりません。つまり自分があらかじめ思い描いている自己に、自分を適合させようとしてはいけません。

要するに、「良い人生を送る」ために必要なことは、次の5つです（3）。

＊経験に対して完全に開かれていること

すべての経験を認め、受け入れること。何かにとらわれたり、固定したり、されてはならない。つまり、自分があらかじめ思い描いている自己に、自分を適合させようとしてはならない。すべての事象や出来事をあるがままに受け入れること

＊現在の瞬間を精いっぱい生きること

＊自分を信頼すること

自分自身の考えや他の誰かのどんな考えも、自分の経験以上に信頼できるものとはならない。つまり本当に信頼できるものは、自分が経験したことだけであり、自分が考えたこととか、他人が言ったり考えたことではない。

自分を信頼する方法は、前記の通り「経験に対して完全に開かれていること」へと向かっていくことです。「経験に対して完全に開かれていること」へと向かっていくと、自然とさまざまな知識や能力が高まり、不安も低下していき、自分の感情を抑圧することも少なくなり、自分が行う選択を一層適正に評価できるようになります。その結果、自分の可能性をより良い形で自覚できるようになり、以前にもまして、真の自己がどこへ向かいたがっているのかが分かり、それに合った選択ができるようになります。もはや、自分がすべき、しなければならないと考えていることや、親や社会から「これがお前の役割だ、すべきことだ、望んでいることだ」などと押し付けられたことに振り回されることもなくなり、ずっと楽な気持ちで生きていけるようになります。結果として、自分をさらに信頼できるようになります。

だから、自分の行為がたとえ満足のゆかない結果となったときでさえも、それを成功させようと努力することができる自分になっているから、自分を信頼できるのです。

＊自分の選択に責任を持つこと

人は、本当に自分が望み必要としていることが分かっていて、それを実現する道のりをたどっている場合には、誰も何も恨む気持ちは生まれません。それよりも、より責任のあることや、自分の人生を精いっぱい生きていこうという意欲がどんどん強くなっていきます。たとえば、医学を嫌っているくせに医者になっている者は、しばしば親や周囲の人たちから医者になると社会的に高い評価と恵まれた生活ができると言われ、それを真に受けたから、医者になった者です。学生時の彼らの中退率や落第率は、自分の意志で医学の道に進み親からの援助もなく自分で働いて授業料を納めている学生よりも、はるかに高いのです。彼らは自分の責任で医者という職業を選択していないからです。

＊無条件的にポジティブな眼差しで、自分も他者も見て、受け入れ、対応すること

　つまりすべての人が持っている潜在能力をそれをそれとして認め、積極的に共感することです。人は通常、自分の価値や、他者を敬う心を、他者の外見や業績に拠ったり、それと比較したりして、その他者のあるがままを受け入れていません。

　ロジャースは、過去の精神分析家とは異なり、「人間というのは本質的には健全な存在であり、精神的にも感情的にも良好な状態にあるべきものなのです。しかもそれが人間の本性から生じる当然の進展なのです。だから患者は完全にポジティブな光の下で、絶対かつ無条件に受け入れられるべき存在なのだ」と考えます。つまりすべての人が持っている潜在能力を、それをそれとして認め、共感すること（無条件的にポジティブな眼差しで認め受け入れること）が、経験への開かれた状態を作る第一歩なのです。

4．自分の世界はそもそも「自分が望むようになっていない」。しかも自分の考えを変えるこ

とができないなら、そこに葛藤が生まれ、防衛機制が働いてくるのです。

ロジャースは、防衛機制というのは本来、不快な記憶や感情が意識に上るのを妨げるために、無意識に何らかの対策を講じようとする傾向のことだといいます。たとえば、否定する（遮断する）、歪める（再解釈する）というのは、自分があらかじめ思い描いていた考えを固持するために、現実を受け入れることを拒絶する態度なのです。そうしていくと結局、自分の心の中の感情や考えなどすべての発現を禁じてしまい、さまざまな可能性を放棄してしまうことになります。

自分の感情がたとえネガティブなものであっても、押さえつけてはなりません。それに耐えたり、うまく折り合えるようになったら、今度はポジティブな感情の流れがそれだけ強く表れてきます。つまり苦しい経験にも耐え、次に嬉しい経験をすると、喜びをますます強く感じるようになります。そうすれば、もう防衛機制を働かせる必要はなくなります。

5．親のしつけはしばしば間違っている。

彼によれば、親は軽率にも「子供が親からの愛情を受けるに値するのは、あくまでも親からの要求に応えた場合だ」と思いがちです。たとえば、子供が野菜を残さず食べたり、学校のテストで満点を取ったときには、報酬を与えるが、そうでない場合は、子供に責任があるとあからさまに子供を非難する。人は、たとえ親でも、自分の勝手な要求に、相手や対象物を合わせたがる傾向があります。これは逆に手痛いしっぺ返しを食らうことになるのです。

6．人は、自分自身をより一層認め受け入れることができるようになれば、それだけ自分に耐えられるようにもなります。また、人は自分という人間を自身が認め、受け入れれば受け入れるほど、他者からの不愉快なプレッシャーや、自分への批判やそしり、軽蔑が減り、けた違いに生産的な人間になっていくものなのです。

解決方法

親や教師は、子供が「良い人生を送る」ことができるように支援しなければなりません。ロジャースに基づけば、そのために必要なことは、次の5つです。

・まず子供のすべて（主張や欲求、願望、振る舞い）を認め、受け入れることが大切です。子供が何かにこだわったり、固定したり、気を遣ったり遠慮したりしないようにして下さい。またそのように指導して下さい。つまり親が子供に対してあらかじめ思い描いている像に、子供を適合させようとしないで下さい。型にはめないようにして下さい。また子供が反社会的な行動や非社会的な行動を取るようであれば、そういうことに子供が共感し理解しないように説得して下さい。そのためには常日頃、子供と信頼に基づく愛着関係を築いておくことが不可欠です（本ケース末の【注2】）。

・子供が今を精いっぱい生きられるように支援して下さい。また子供自身にも精いっぱいやっていると自覚させて下さい。

・子供に自分自身を信頼させることが大事です。

自分が考えたこととか他人（親、教師、友達）が言ったり考えたことではなく、子供が自分自身の経験（見たり聞いたり行ったこと）だけを信じるように指導して下さい。そして親の期待や希望、「これがお前の役割だ、すべきことだ、お前自身が本来望んでいるはずのことだ」などを決して押し付けないで下さい。

・自分の選択に責任を持つように指導して下さい。

子供（思春期以降の）であっても、本当に自分が望み必要としていることが分かっていて、それを実現する道のりを自らの力でたどっている場合には、誰も何も恨んだり妬んだりする気持ちは持ちません。かえって、より大きな責任を求め、自分の人生を精いっぱい生きていこうという意欲がどんどん強くなっていきます。だから子供に本当に何をしたいのかを気付かせ、それを自分でやらせることが非常に大事なことです。

・自分の子供であれ、よその子供であれ、子供が示した（発揮した）能力を、それがどんなことでどんなレベルであろうが、それはそれとして認め、共感して下さい。また人の外見や容姿、肩書、経済状態で、人を判断してはならないことを教えて下さい。そして、そういう親の判断や行動を子供に実際に見せる、知らしめることが非常に大切なことです。

【注１】

ロジャース（Rogers,C.,1902-1987）は米国イリノイ州生まれで、人間性心理学（１９５０年代にマズローやメイらとともに創設した。人間を基本的に健全で、その可能性を成長させ自己実現させせる力を持った存在と見なすポジティブな人間観を基礎に置く）を土台としたクライエント中心療法を発展させ、アメリカ人道主義連合からヒューマニスト賞を受賞しました。彼が非支持的療法と呼ぶ人間中心的療法では、療法家は司会者の役割を演じて、患者が自分で答えを見出す手助けをします。たとえば彼はこの療法を次のようにたとえています。自転車の乗り方を子供に教えるには、励ましと支援が必要だが、最後は子供自身が勇気を出して自分を信じて、自分一人でペダルをこぎ出さねばならない（3）。

彼は20世紀で最も影響力のある心理療法家の一人で、１９６０年代のエンカウンター（感受性訓練）グループの哲学の支えとなりました。専門的なカウンセリングが教育や社会訓練などの領域へと発展していったのも、彼に負うところが大きいといわれてます。

【注２】

１９５０年にＷＨＯ（世界保健機構）から依頼された研究を皮切りにいくつかの研究をベースに、ボウルビィ（Bowlby,J.,1907-1990）は愛着理論を開発した（3）。アタッチメント（愛着、心の絆）とはそもそも乳児と親との間の心理的、身体的な接近を喚起し維持する感情（安心、信頼、幸せといった感情）を指します（18、34）。母子関係で、子供も母親も互いに強い愛情や一体感を持つようになり、親子の絆が作られていく。母子関係は、乳幼児では自他未分化の「私たち」という共生状態から、１

歳を過ぎて幼児期に入ると歩行も始まり家庭の外の世界に入っていき、自他が分化した「自分と母親」という関係へと発達していく。愛着関係がうまく形成されていないと、子供は自分を守ってくれる人がいないと思い、いつも不安におびえ、常に自分で自分を守るための臨戦態勢を取らざるを得ない。そのような子供は常に覚醒状態となり、あちこちに注意を向けなければならず、些細なことにも興奮しやすくなったり驚いたり、過剰な反応を示します。そのため、多動で落ち着きがなく、自己主張が強すぎたり、自己コントロールがうまくできなくなります。母親からの愛情に餓えた子供には、たとえば次のような感情が強く見られます。強い恐れ・不安、怒り、悲哀感、無力感、不機嫌、苛立ち、反抗、攻撃、など。

愛着要求というのは、乳幼児ばかりではなく、児童から老人まで、すべての世代にわたってみられるものです。

愛着要求の強さは、乳幼児が示す愛着行動の強さによって、推測されます（6）。主要なものとしては、たとえば、

・身体的に接触したり、接近しようとする
・相手を見る、微笑む、笑う、話しかける、など、相手との結びつきを形成し、確認しようとする
・相手から承認を求める、心の支えを求める、などの、相手との結びつきを確認したり、強めようとする

これらを親が子供（青年）に行う愛着行動に適用すると、次のような態度や行動になるでしょう。基本は、子供との間に強い信頼関係を作り上げることです。

・タッチ・ケア

子供の感情が高ぶっていたり、不安を感じていたり脅えている場合、優しく腕や背中、手、頭、足をさする。手を優しく握る。

・優しく抱く
・子供の傍に寄り添う
・子供の目をじっと見て優しく微笑んだり話しかける
・子供が話しかけたら、真剣に聞き、それに対応する
・子供が親に何でも話しやすいように、親はいつでもどこでも表情や態度をオープンにしておく
・子供の要求や不平・不満を親として解決できなければ、その理由をきちんと説明して、子供を納得させる
・子供が今どんな心理状態にあるのかを知るために、言葉遣いや態度、行動、会話内容によく注意を払い、問題があっても、一方的に批判したり叱責はせずに、その訳や状況を優しく聞き取る
・子供が人間関係に悩んでいたら（たとえば友達と不和、喧嘩など）、とにかくまず子供を支持することを子供に分かるようにはっきり伝える。たとえ子供に非がある場合でも。そしてその後、子供と一緒になって解決策を探る

・子供を一個の独立した人間として認め、対応する
・子供にとって安全、安心、かつ楽しい家庭を作る
・子供の不安や脅えには、その解消を支援したり、場合によっては子供と一緒になってそれを取り除く
・子供との結びつきを強めるためになることであれば、積極的に取り組む。たとえば遊び、レジャー、仕事で子供と何かを一緒に何かを作ったり、共働体験をする
・子供に、決して嘘は付かない
・子供のためになることであれば、出来る限りのことをする

ケース3.

人が幸せな人生を送れない原因は、人生で不安と無力感を克服することができないからです。ユダヤ人でドイツ生まれのニューヨーク大学精神医学科教授であったフロム（Fromm, E.,1900-1980）は「人が喜びと充足の道を歩むか、それとも満たされず争いだらけの道を歩むかは『自分の人生に意味を見出す能力』によって決まる」と言います(3)。人生はそもそも不安と無力感で満ち溢れています。人は自然や環境、制度、文化とともに生きていて、かつ他者（親や友達）とともに生きています。しかし、自分を自然や環境、制度、文化からも他者からも切り離された孤立した存在だと見なしてしまうことがあります。この不安と無力感は、次の

3つを通して克服することができます。

・自分独自のものの見方・考え方や意見、能力を見出し、あるいは作り上げ、高める努力をする

・自分の人間的独自性を見出し、確立し、そしてそれを受け入れる

・自分の「他者を愛する能力」を発展させる

この3つで、人は自分が何者なのかを定義し確立する（自分という人間を作り上げる：アイデンティティの確立）という、人生の真の目的を実現しようとする努力の中で、自分を混乱や孤独、無関心から解放できるようになっていきます。

解決方法

親や教師は、フロムに基づけば、子供が少なくとも次の3つを、その子自身が納得できる範囲で、実現するように支援して下さい。

・運動でも勉強でも何でもいいから、その子にしかできないようなことをする能力を見出し、伸ばす

・その子の個性を認め、尊重すると同時に、その個性が発揮できるような環境作りをする

・他者とくに親と友達に対する心遣い（思いやり）、責任感、敬う心、そして知（他者が本当は何を欲し求めているかについて知り理解し、認めること）を持ち、高める

子供に、周りの人たちから愛され、また愛することができる人間になってもらいたい

子供が愛され愛せない原因は、健全なアイデンティティが確立途中だからです。

前記のフロムによれば(3)、自分を孤独から解放する決定的な道の1つは、他者を愛する能力でした。それはつまり、愛情に満ちた結びつきを創造する能力のことで、その基本は思いやり、責任感、敬う心、そして知（他者が本当は何を欲し求めているかについて知り理解し、認めること）です。しかし、単に他者と結びつき、一体化したいという気持ちは真の愛ではありません。真の愛というのは、他者の個性のすべてを認めつつ愛することであり、自分とは異なる好みや見方、価値観、態度、振舞いを尊重することなのです。決して、相手を自分の型に押し込めるのではなく、また自分との完璧な「一致や適合」を求めるなど論外です。真に他者を愛する能力を高めるためには、自分のアイデンティティが確立されていなければなりませんが、思春期の段階ではまだそれができていないのです。

他者から愛される、望まれるのに最も好ましいと思われるような自分を意図的に作り上げようとする人たちがいます。しかし、これは無意味なことです。健全なアイデンティティが確立した人だけが、何ものにもとらわれずに、他者に愛を与え、本当に愛することができるのです。他者を愛そうとせず、ただ他者から愛を得ようとしたがる人は、相手から愛されることは決してありません。つまり健全なアイデンティティの確立は、人間的な強さと幸福をもたらしてくれるのです。

人を愛し、また愛される人間というのは、思いやり、責任感、敬う心、そして知を持った人のことです。こういう人は、自分が社会で生きていく上でどんな役割を果たすことができるのか、果たしたいのかがきちんと分かっている人です。こういう人だからこそ、相手の役割や立場、気持ちや態度の変化が理解できます。この理解に立って、相手に対する思いやりや尊敬、責任を果たしていくと、相手から愛され、また愛することができるのです。こういう人は少なくとも、強い自立力を持って、自分の足でしっかり立ち生きている人なのです。

解決方法

親や教師は、子供が健全なアイデンティティを形成できるように、支援することが求められます。実際にどうすればよいかについては、後述の『思春期全体　人格「**自分で自分が分からない（本当の自分らしさとは何か）、自分はどう生きていけばよいのか、自分が頼りない（自分に自信が持てない）ということにひどく悩む　ケース1.**』を参考にして下さい。

社会道徳が身に付いていない

原因は、子供が幼年期と児童期を通じて道徳心を身につけることができなかったからです。コールバーグ（Kohlberg,L.,1927-87：ニューヨーク生まれで、シカゴ大学で博士号を取得後、イェール大学、ハーヴァード大学で教鞭をとり、１９７１年に伝染病にかかり苦痛と抑うつに悩まされ、自殺）によれば、道徳心（倫理性）は幼年期と児童期の全体を通じて、徐々に発展し形成されます。彼は「無一文の男が病気の妻にぜひとも必要な薬を盗むのは善いことか悪いことか」などといった倫理的な問題について、20年間にわたり継続的に10〜16歳までの58人の子供が年齢とともに道徳心がどう変わっていくかを調べました。この実験の結果、次のことを発見しました(3)。

1. 幼児期から児童期、青年期の全体を通じて道徳心は以下の6つの段階を経て発展していく。
2. 2つの慣習以前の段階では、道徳的行動は懲罰と報酬、互恵性によって決まる。
　慣習以前の段階とは、規則を固定的で絶対と見なす段階で、大体9歳頃まで。この段階はさらに2つの段階に分けられ、最初の段階（懲罰と報酬の段階）では、行為の善悪を、それが報酬あるいは懲罰をもたらすかどうかで決める。次の段階（個人主義と交換の段階）では、善悪は、それによってどんな報酬が得られるかで決められる。たとえば、「お前が俺のものを取ったから、俺もお前のものを取ってやる」という具合です。この場合、子供は相手から物を取っても、悪いこととは思いません。

　残念なことに大人になっても、こういう考え方をする人がいます。こういう人は9歳頃の道徳心しか持っていないのです。
3. 2つの慣習的段階では、道徳的行動は他者が正しいと思っていることを行い、法を尊重し、社会秩序を維持することと一致している。

この段階は、思春期とともに始まります。子供たちは自分の行動の帰結以上に、行動の背後にある意図を考えます。この段階も2つに分かれ、最初が「善い子」段階、つまり道徳的な行動を、喜びをもたらすものか、助けとなるものかで分類する。「善い」と見なされることが、行動の目標となります。第二段階は、法と秩序の順守の段階。この段階に入ると、「善いこと」を権威の尊重や法への服従と同一視し、これによって社会は守られ維持されると考えるようになります。

4．2つの脱慣習的段階では、社会規範以上に、良心と普遍的な倫理意識を持っている人が、道徳的行動の最終審判者となる。

この段階は、単なる協調を超えていくことから始まるが、コールバーグは、このレベルに達するのは人々のうちせいぜい10～15％位だろうという。この段階も2つに分かれ、最初の段階「社会契約と個人の権利の段階」では、依然として権威は尊重するが、個人の権利（権威を否定するものであれ制約を課すものであれ）がそれにとって代わるべきだという意識が強い。ただ規則に従うことよりも、人の命の方がはるかに尊いという考え方です。最後の段階「普遍的倫理原理の段階」は、自分自身の良心が最終判断になる段階で、自分も他人も平等な権利を確約し、万人を尊重するようになります。正義のような普遍的原理の名のもとに、ガンジーのように、権威に対する人間としての不服従を定義し直すことさえあります。

要するに、コールバーグは、子供は他者との相互作用を通じて尊敬や愛、共感に気づくことで、道徳心を発達させるといいます。

社会的道徳心が身に付いていない子供には対人関係能力も発達しません。そういう子供がかりに仲間を作っていたとしても、その仲間はしばしば自分の傷をなめ合うようなネガティブな集団で、自立力を高めるものでは全くありません。

解決方法

子供に社会道徳が身に付いていないのは、その責任は主として親と教師にあります。子供の道徳心の発達では、とりわけ慣習以前の段階と慣習的段階が決定的な役割を果たしています。子供は９歳頃までは規則を固定的で絶対と見なす傾向があり、親や教師が、子供の行為に対して、社会的に適正な規則や慣習に基づいて、懲罰と報酬の正しい与え方をしないと、正しい道徳的行動が子供の身に付きません。

子供は思春期に入ると、他者（とくに親や教師、仲間）が正しいと思っていることを行い、法を尊重し、社会秩序を維持することが、道徳的行動だと考えます。ただし、留意しておかなければならないことは、子供がこの段階に入ると、他者の行動の背後にどんな理由や原因があるのかを詮索するようになるということです。親が、口先だけでその場を取り繕っていることも分かるし、その理由を推測することもできます。

思春期前期頃は、「善い」と見なされることが最も重要であり、そのために親や教師、友達を喜ばす、助けるといった行動を取ろうとします。後期に入ると、親や教師、リーダー（不良グループのリーダーも含む）、学業やスポーツの優秀者などの権威を尊重し、規則や掟、慣習に従うことが「善い子」の条件だと考えます。だから、暴走族に入って不良行為を重ねている子供は、親や教師にとっては「悪い子」ですが、その暴走族のリーダーやメンバーたちにとっては「善い子」なのです。

　要するに、子供の道徳心を健やかに発達させるには、親や教師は、９歳頃までを第一関門と考え、社会的に適正な、望ましい行為に対して、懲罰と報酬を正しく与えることが大事なのです。次に、子供が思春期に入ると、他者との相互作用を通じて道徳的行動を身につけていくだけに、そのモデルとなる人間が極めて重要な働きをします。だから親や教師は自ら手本になる努力をしなければなりません。

行動

ストレスに強い人間に育って欲しい。子供が強いストレスを感じていて、自暴自棄に陥っているようだ。なんとかしてやりたい

　どんな大人でも子供でも強いストレスを感じると、正常な判断や思考ができなくなります。そうすると、直面している問題（人間関係も含む）を適切に処理することができなくなります。

強いストレスにたびたび襲われたり、それが長期間続くと、問題解決能力自体が低下していきます。場合によっては、問題解決そのものを放棄して、自暴自棄に陥ります。その結果、自立力が低下します。自立力が低下するということは生きていく上で必要な知識やスキルの学習能力が低下することですから、仕事や職場環境、周囲の社会環境の変化に適正に対応することができなくなり、ストレスを感じてしまいます。まさに悪循環に陥ります。

　このネガティブな連鎖を断ち切るためにも、ここでは３つのケースを検討し、３つの解決策を提案します。しかし基本は、ストレスに強い人間（ストレス耐性が強い人間）に育てることです。

ケース１．

　子供が強いストレスを感じているのは、大人と同様に、ストレッサー（後述）をうまく処理できないからです。子供はとりわけ経験が浅いだけに、ストレッサーの影響に弱いし、ストレス知覚も強くなります。

　ストレス耐性を強めるには現在２つの方法が考えられます。１つはストレスをできるだけ知覚しないようにする方法と、２つ目は根本的にストレスに強い人間に作り変える方法です。

１．１　ストレスをできるだけ知覚しないようにする方法

　ストレスというのは、自分の欲求や願望が満たされないとか、体調不良、家族や友人との人

間関係の軋轢、学校や職場での自分の役割や期待を果たせないこと、天気や交通事情などによって通勤・通学に支障が出ること、などさまざまなストレッサーから生まれます(10)。つまり、ストレスを感じるというのは自分自身の欲求や願望を満たすことができないとか、自分を取り巻くさまざまな環境の変化に適切に対応できないとか、問題を解決・克服できないと感じる・思っているフラストレーション状態のことです。ストレスを感じると、心理的なストレス反応（不安、いらだち、情緒不安定、無気力、強い緊張、ものごとに集中できない、など）と、生理的なストレス反応（過度の動悸や発汗、吃音、体が固まる、震え、食欲不振、強い疲労感、頭痛、など）が発生します。このストレスにうまく対処するのは実に難しいことです。というのも、時間と場所、相手や周囲の人によって、ストレスの原因であるストレッサーが、そしてその強さが変わるからです。

　ストレスをうまく処理するうえで、大事なことはストレスをあまり感じない、たとえ感じてもそれに耐えうる力を身につけることです。これをストレス耐性と言います(10)。ストレス耐性とは、個人がストレスを知覚する強さを変える心理的な要因のことで、ストレスに強い性格もしくは耐える力のことです。これは遺伝と経験によって作られます。

　ストレス処理でもう1つ重要な方法があります。それをストレス・コーピングと言います(10)。これは意識的にストレスに対処する・緩和する努力を指します。これには2つの方法があります。「情緒に焦点を当てたコーピング」は、ストレスフルな状況そのものを変えようとするのではなく、それに対する見方を変え（認知的再評価）、ストレッサーに対して自分の情緒的な反応を改善しようというものです。もう1つは、「問題に焦点を当てたコーピング」です。これは、ストレスフルな状況に直接働きかけ、それを変え、自分にとってストレッサーにならないようにする方法です。どちらのコーピングでも、それを支えているのは、その人が持っている心理的あるいは身体的、社会的な資源です。具体的には、ポジティブな性格・信念・主義、知的能力や身体的能力・健康、問題解決スキル、対人関係能力、人脈・社会的ネットワーク、社会的な支援、お金です。人は問題解決に必要な資源を十分持っていれば、それを効果的に活用して、ストレスを回避したり、よりよく対処することができます。

ストレスを強く感じて強いストレス反応が起きると、人にはさまざまな態度や行動に変化が起こってきます。たとえば、青年期の主な生活局面である勉強・学校生活を想定すると、

・勉強でのさまざまな不安が高まる、イライラが募る、ノイローゼになる。もちろん勉強に集中できない
・勉強をする気がなくなる
・クラスの他の子供と楽しく遊んだり、一緒に何かをしたり、ということができなくなる
・教師や友達に対して反抗的になる
・いつも疲労感を感じ、食欲も不振になり、睡眠不足になり、体調不良になる
・遅刻や早退、欠席、怠慢が頻繁に見られる

図表２　ストレス知覚―学業成績の関係

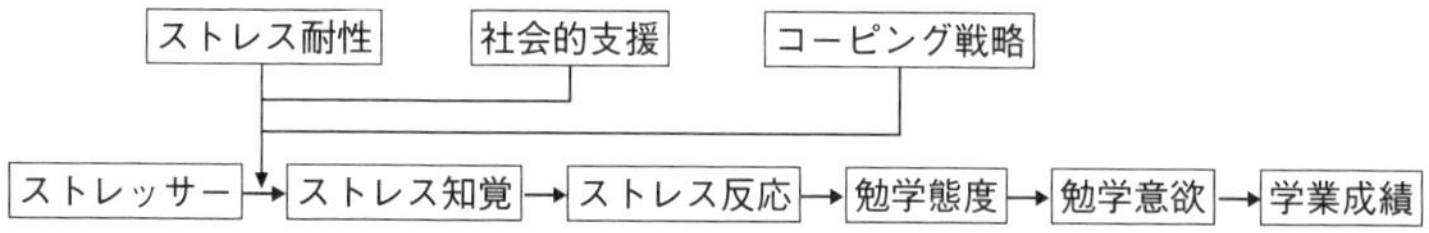

・勉強で思考力や理解力、判断力が低下し、勉強の能率も落ち、ミスも増える。当然成績は低下する

・勉強でやらなければならないことを忘れたり、その優先順位もつけられなくなったり、宿題や教師の指示も忘れてしまう

以上をまとめると、図表2のようになるでしょう。

さて、このようなストレス反応を回避・緩和するうえで、最も大事なストレス耐性を強めるにはどうすればよいのでしょうか。たとえば、シュミット、キーム&ロビー（Schmit,M.J.,Kihm,J.A.&C.Robie,2000）はストレス耐性の主要な4つの形成要因を挙げている[25]。それは、ものごとに不安を感じないようになること、ものごとに過度に悩まないこと、ストレスフルな状況にもリラックスして対応すること、他者や状況から押し付けられたことにも我慢すること。しかし問題は、これらをどうすれば作り上げることができるのかです。

解決方法

ここでは、青年（12〜20歳未満）が主に勉強や学校でのストレス耐性を強める具体的な方法として、次の12項目を挙げます。

・趣味や遊びで気晴らしをしたり気分転換して、ストレスを発散させる

・気心の分かりあっている友達とおしゃべりをして、ストレスを発散させる

・勉強や学校生活で当面どうしてもしなければならないことは能率よく迅速に済ませて、それ以外のことに関心を向けて、自分がやりたいことを自分のペースでする

・社会的支援活動に取り組む。これを通じて思いやりの気持ちが強まったり、自己価値感を感じたり、友達の輪も広がっていく。ちなみに自己価値感というのは、自分が社会的に価値がある（家族や友達、学校、職場、などで、重要な立場にある、重要な役割を果たしている、存在感がある）という気持ちのことです。単なる自己肯定感とは違います

・友達に何か求められても、決して断らない。ただし自分にはできないこととか非常に難しいことや反社会的な行動でない限り。断るときは、その理由を相手が納得するまで説明する

・当面のストレスフルな状況や解決しなければならない問題を、より客観的に合理的にとらえ直し（見方を変えて解釈し直したり、評価し直したりして）、より良い解決の仕方や効率的な方法を模索し、速やかに解決する

・日常生活や勉強で、時間管理をきちんとやっていく

・何が起こっても困らないように、事前に周到に準備をしておく

・解決しなければならない問題があっても、自分が解決・処理できることだけに専念し、後は

他の人に任せる・依頼する

・解決しなければならない問題は、自分なりに優先順位をつけて解決・処理していく

・解決・処理しなければならない問題であっても、当面はやりたくない、解決が難しい問題は、とりあえず棚上げしておいて、後でじっくり考えて解決・処理に取り組む

・自分がやりたくない、出来ない、今の自分には難しいと感じる問題には、極力かかわらないようにする、できるだけ先送りする、他の人にやってもらう。これらの方法はどちらかというと、ストレス耐性の強化にとってネガティブな方法に思えるが、じつはこうすることによって自分のやりたいことに専念することができるのです。もちろんこれは勉強や課外活動にやる気もなく、やっていない青年には妥当しません。

1．2　根本的にストレスに強い人間に作り変える方法

フランクル（本節末の注）は、苦しみというのはその意味が見いだされる時に耐えうるものとなり、苦しみではなくなるという[3]。ストレスや不安、精神的な苦痛を感じる最大の原因は、苦しみ、悲しみ、悩み、辛さをうまく克服できないからなのです。

そもそも青年の苦しみというのは、彼によれば、青年期特有の自分の身体的特徴や友人たちとの人間関係、家族や学校、職場での自分の役割やその変化、親からの経済的な自立、進路の決定などで、悩んだり苦しんだり、困難を感じたり、心を痛めている状態を指します。

彼は強制収容所での体験をもとに、自殺防止と抑うつの治療を専門的に研究し、人間には、苦しく破滅的な状況でも、それに耐え抜き前進するための2つの強さを持っているという。1つは、決断する力と、2つ目は自由な気持ちを持つ能力です。彼は、人間というものは環境や出来事に左右されるだけの存在ではないことを強く主張します。

彼は精神因性神経症（リビドー（性欲）やコンプレックスなどに単純に起因するものではなく、自己の実存的な欲求不満や、自分が生きることの意味の探求の挫折といった「自己の実存的虚無」状態に起因する神経症）の治療法を確立しました。これをロゴテラピー（精神分析やクライエント中心療法などの洞察療法の1種ですが、実存分析とも呼ぶ）という。ここでは、人間は「実存的虚無」状態に陥りがちであると同時に、精神病や神経症に対する反抗力を持っていると考える。この反抗力を活性化させることによって、病んでいる者に、生きる意味や価値に気づかせ、また再確認させ、治癒へ導こうとする治療法です。臨床的には、患者が持っている心身の苦悩に対して、体や心よりも精神がいかに大切なものなのかを教え、生きることや自分の価値というものについての患者の考え方や態度を根本的に変えてしまおうとするものです。具体的には、逆説志向法や反省除去法などを採用します（28、30）。この治療の特徴は、次の4ステップです。

ステップ1

治療者は、患者の基本的な人生観やライフスタイルを正確に把握する。このためには、現在、ライフスタイル分析の使用が適切でしょう。

ステップ２

患者のこれまでの人生観やライフスタイルの根底にある、不適切とか望ましくない、間違っていると思われるさまざまな認識や考え方、行動をあぶりだす。つまり、これまでの、望ましくない人生の原因となっていると考えられる要因や出来事を、患者自身に抽出させる。

ステップ３

抽出されたものが、これまで自分をいかに不安や苦痛、恐怖に陥れているのかを理解させる。

ステップ４

患者のこれまでの感情的な自己破壊的思考を、論理的な自助的ポジティブ思考に変える。そのためには、患者を説得、代理学習、訓練をして、自分にとって楽しくかつ意味のある人生観を身につけさせ、実際にライフスタイルを変える。

これには、バンデューラ（Bandura,A.）の自己効力強化法（9）の利用が有効でしょう。

解決方法

フランクルによれば、親や教師は、青年が感じている悩み、辛さ、苦しみ、悲しみが今の自分にとってどんな意味があるのかを考えさせ、それを明確に認識させることが大事です。そうして、その意味や価値を理解できれば、青年は決断する力と、自由な気持ちを持つ能力を獲得することができるようになります。これはまさに強いストレスや精神的苦悩を克服する力の獲得です。

それでは具体的に、たとえば中・高生が家庭や学校、職場で感じる強い人間関係ストレスを解消するにはどうすればよいでしょうか。次のステップを踏んで下さい。

ステップ1

対人関係ストレス質問票(11)やインタヴューを通じて、強いストレスや不安を知覚している項目（原因）を明確にする。

ステップ2

その知覚した項目それぞれを克服できた時のメリットとそれを生んだ解消方法を、自分が重視する見地（たとえば、自分に対する親の接し方、家庭の楽しさ・幸せ、友達付き合い、学校での生活、学業成績、など）から、明示して下さい。メリットはいくつ書き出しても結構です。ただし、メリットは、自分が改めて考えだすものではなく、すでに過去にあった事例（自分の体験や、友達や周囲の人たちの事例、親や教師などから聞いた話、など）の中から見つけ出して下さい。過去にストレスを克服してメリットを得たということが立証されている事例を挙げて下さい。

しかし、どうしても過去の事例が思いつかない場合は、信頼できる人や友人たちに聞いて下さい。

ステップ3
次に、記載したメリットの中で、あなたが特に欲しいもの、実現したいことに、丸印をつけて下さい。
ステップ4
最後に、その印のついたメリットを生んだストレス解消方法を重点的に実行して下さい。ひたすら実行して下さい。その際、それは自分には必ずできると強く信じて下さい。

各ステップを進んでいく際には、次頁の図表3を作成しておくと便利でしょう。
勉強や仕事、アルバイト、部活動で感じるストレスや不安の解消方法は、ストレスや不安を引き起こしている源泉（原因）によって異なります。また、そのストレスや不安を克服できた時に感じるメリットを抽出する見地も異なります。

【注】
フランクル（Frankle,V.E.：1905-1998）はオーストリア生まれの精神医学者で、ウィーン大学医学部卒業後、フロイト、アドラーに師事。アウシュビッツの強制収容所に送られ、そこで両親、妻、子供たちを失うという悲惨な極限状況を体験し、そこで、人生に「意味」を見出している人はどんな苦痛にも耐え抜き、「意味」を喪失した人は心理的にも肉体的にも崩壊していったという事実を体験した。

図表３　対人関係ストレスの源泉と克服時のメリット・解消方法

対人関係ストレス質問票の中で強いストレスや不安を知覚している項目	この項目を克服できた時に感じる・得られるメリットとそれを生んだ解消方法
項目 A	家庭の楽しさ・幸せの見地 友達付き合いの見地 学校での生活の見地 学業成績の見地
項目 B	家庭の楽しさ・幸せの見地 友達付き合いの見地 学校での生活の見地 学業成績の見地
項目 C	家庭の楽しさ・幸せの見地 友達付き合いの見地 学校での生活の見地 学業成績の見地
項目 D	
項目 E	

ここから彼は、人生の意味を求める意思こそが人間の根源を成すものであり、この点で、精神が肉体と心（心理）を支配していると考えた。

彼は人間を自由と責任を持つ存在として捉える。つまり、人間は精神的実存として、心と体に対して、何らかの態度を取る自由を持ち、その自由に対して責任を持つ存在と考えた。

ケース2．

原因は、フロイトによれば、強い精神的緊張に陥っているからです。

子供は、親や教師から求められたことへの反抗や攻撃衝動、突然の出来事に対する拒否反応や戸惑い・攻撃衝動、人への突然の攻撃衝動や性欲発生などが、自分のこれまでの経験からして、あまりにも異質だったり、強力であったり、不適切だと感じた場合、それは意識的に受け入れることができません。しかし、それは消滅してしまうのではなく、知らないうちに無意識という貯蔵庫に入れられてしまいます。これを「抑圧された」といいます。その無意識の中の記憶や観念は直接意識することはできませんが、それらが知らず知らずのうちに個人の考えや態度、行動を方向付けていくと、フロイトは考えます。

たとえば、今の心身の苦痛や、予想される苦痛から逃れるには「……しなければならない」という意識的思考が、「……してはならない」という無意識的思考と対立する場合、精神的緊張が生まれます。しかしこの緊張が緩和されたり対立が軽度な場合、無意識という貯蔵庫の中に抑圧されていた記憶（「……してはならない」という無意識的思考）が意識に上ることができます。そうすると、その苦痛はもう精神的緊張の原因とはならなくなってきます。

幼児期のトラウマ的記憶（性的虐待を受けた、大きな事件や事故にあった・目撃した、ことなど）や、信頼している大事な親兄弟や伴侶・恋人、友人には決して認めない・受け入れないと思われる自分の欲望や考えをそのまま持ち続けていたことを、実際に行動にあらわすと、安寧な精神状態ではありえないし、みんなと楽しく生きていくことができなくなります。だから、それは抑圧されて、無意識という貯蔵庫の中に知らず知らずに入れられてしまうのです。

解決方法

フロイトに基づく解決策としては、一言でいえば、「無意識の声を聴け！」です。子供が思春期に入ったら、とくに思春期後期（15～17歳頃あるいは20歳前後まで：高校生から大学生前半）で、強いストレス状態に陥っている場合、そこから抜け出すには、意識的思考（たとえば、何かをしなければならない）が無意識的思考（たとえば、何かをしてはならない）と対立しないようにすればよいのです。そのためには、意識的思考を無意識的思考（それは何か違う気がする、そうしたら駄目なようだ・こうした方がよいと思う、などといった勘、感じ、インスピレーション）に合わせる、もしくは近づけるしか方法がありません。つまり「何かをしない」ことです。そうすればそもそも、精神的緊張は生まれてきません。

親や教師は子供を強いストレスに悩まされている状態から助け出すためには、本来は幼児・児童期を通じて子供との間の強い信頼関係のもとにさまざまな体験をさせ、強いストレス耐性を培うべきだし、培うべきであったのです。しかし今悩んでいる子供を救うには、その悩みの原因を見極めて、それを取り除く、あるいは子供自身が取り除けるように支援することしかありません。たとえば悩みが友達との間の人間関係であれば、それが現在どんな状態なのか、そしてなぜそんな状態になったのかを明らかにする必要があります。そして、その状態を作ってしまった、その子供の行為あるいは他の子供の行為について、誤解を解く、認めさせる、謝罪をさせる、などと指導する必要があります。しかしいずれにせよ、子供自身が自らの意志と力で悩みを克服することが大事です。

ケース3.

原因は、アイデンティティの混乱です。

思春期の子供はまだ経験が乏しいために、しばしば進路や職業の選択とか、困難な競争場面や他者と良好な人間関係を作りたい・維持したいといった状況で、感じる強いストレスに耐えることができません。このストレスに耐える、あるいは感じなくなるには、アイデンティティの確立が不可欠です。しかしこの時期の子供は、まだそれが形成中なのです。しかもしばしばそれが混乱状態にあります。

この時期の青年に見られる深刻なアイデンティティの混乱の兆候としては、以下の通りです(30)。

・孤独や孤立に悩んだり苦しむ
・自発的に、また主体的に、ものごとにどうしても取り組めない
・勉強や仕事に対する注意力や継続力の低下、まわりのものから見るとどうでもいいようなことに固執する、あるいは1つのことに完全に心を奪われてしまう
・他者から自分に勧められた役割や、他者が価値を置くもの、社会規範などに対して冷笑的な態度や敵意を示す
・自分を価値のないものと卑下する
・自分が「普通」であることに耐えられず、進んで「悪」に走ったり、人と極端に違う態度や行動を取ったり、病気になったりする

解決方法

親や教師は、子供が深刻なアイデンティティの混乱に陥っていない限りは、口出ししたり、余計な世話をしないで下さい。子供自身の克服する力を信じて下さい。しかしそれを促進したり、支援する必要がある場合には、速やかに積極的に支援しなければなりません。

さらに、青年期の子供をアイデンティティの混乱から抜け出させるために実際にどうすればよいかというと、とりわけ重要なのは自己肯定感を強める、自信を持たせる、自己価値感を高

めることでしょう。具体的には、

1．この自分でよいと思う自己肯定感と、これからもこの自分でやっていけるという自信を持たせること

たとえば、

・子供の自己肯定感を強めるには、その子がどんなことやモノに強い興味・関心を持っているのか探って下さい。もし明確に持っていないようであれば、親の方が働きかけてそれを作って下さい。そして、その子の興味・関心をさらに強めて下さい。しかし、親は子供の考えや行動、さらには生活スタイルに強く関与しないで下さい。子供が求める限りは、できる限りの支援をして下さい。しかし原則として、子供の自由を束縛しないことが大事です。

・また子供の自己肯定感を強めるには、その子の強み・弱みをきちんと自覚させて下さい。そしてその強みを重視して、それをさらに強めるように、出来る限りの支援をして下さい。たとえば、子供がファッションや漫画製作に強い興味があれば、たとえ親は勉強の方が大事だと思っていても、支持を明確に表明し、子供がそれに使う時間や金銭、外出などについても支援して下さい。

・子供に、自分がしていることや考えていることに自信を持たせて下さい。自信を持たせるうえで特に重要なことは「自分にはできる」という自覚を持たせることです。もしその自覚が弱いとか、十分持てないようであれば、その子がやりたいこと、自信を持ちたいことを、易

しい段階から一歩一歩クリアさせて下さい。最初から難しいことをさせて挫折させると、その子は全く自信を失い、無力感を感じたり、興味も失ってしまいます。

　その際大切なことは、自信を持っている子とか、できる子と、決して比較しないことです。子供はそれぞれ発達段階も違うし、発達のスピードも違います。さらに性格も、持っている能力も違います。

２．この自分は周りから受け入れられているし、社会にとっても価値のある人間であるという、自己の存在感や有能感が持てること

たとえば、

・自分が家族のみんなから認められ受け入れられていると感じさせて下さい。そのためには、子供の意見や考えをよく聞き、良い意見であれば、それを受け入れ、もし受け入れられない場合は、その理由を子供が納得できるまで説明して下さい。

・学校でみんなと楽しく勉強や課外活動をしているかなどについて子供から話を聞いたり、日常の行動を見守って下さい。子供一人では解決できないような何か問題を抱えているようなら、子供と一緒に、その問題の解決に取り組んでください。これは親として必要な愛着行動です。だからこのような問題解決の際の大前提は、とにかく子供の自主性を重んじ、子供を信頼することです。

・アルバイト先や職場でみんなと楽しくやっていけるように、親として傍から子供を暖かく見

守ると同時に、自主性を大事にしつつも、必要に応じて支援して下さい。たとえば食事や通勤などでの不満や苦痛をできるだけ取り除いてあげる。

・子供が自分の能力や性格に不満や不安を持っているようであれば、決して他人と比較せずに、その子の優れた点を指摘し、子供にそれを納得させ、自信を持つように方向付けて下さい。そのさい大事なことは、子供が価値を置いていることやモノ、また真剣にやってみたい、なりたいといった希望に向かって少しでも前に進めるように、支援することです。子供が一生懸命に取り組んでいる、取り組もうとしていることが、たとえ親や周囲の人たちの目から見てあまり価値があるように思えないことであっても、また社会的に高く評価されるかどうかは、どうでも良いことなのです。

積極的な行動が取れない。いつも引っ込み思案で、仲間外れにされている

原因は、過去にひどく嫌な経験をし、それが対人不安を引き起こしているのかもしれません。この問題の解決には、行動療法（恐怖症や強迫性障害などの治療に効果的で、学習を主な手段とした心理療法）の中でも、ウォルピ（１９９頁参照）が開発した不安障害の治療の古典的な手法が有効でしょう。この治療法の基本的な考え方は、人は不安とリラックス（この２つは相反感情）を同時に感じることはできません(3)。不安状態の時はリラックスしていないし、リラックスしている時は不安ではありえない。この原理を用いて、誤って不安を学習した人に、リラックスという刺激を与えることによって、リラックス状態にして、不安を制圧しようというのです。

　トラウマや強い不安にさいなまれている子供は、過去の経験から嫌な、恐ろしい記憶が思い出されるときに、不安を感じてしまうように条件づけられています。そこで、先ずその不安を引き起こしている原因、つまり引き起こしているように感じる対象（ものごとや人、出来事）をイメージさせる（嫌な記憶を思い出させる）。何かをイメージして、もしそれによって強い不安を覚えるなら、それが不安の原因なのです。

　次に、「それをイメージするのを止めて、リラックスしよう」と励まします。とにかく、今イメージしていること（すること）を止めさせることが大事なのです。そのために、リラックスした精神状態を作り上げます。リラックスさせるには、たとえば、体操、呼吸訓練、催眠、楽しかったこと・嬉しかったことなどの集中的想起、などを用いて訓練することもできます。不安の元になっている記憶を思い出すのではなく、リラックスしている自分に注意を集中させ、それを何度も繰り返させ、不安の元になっている記憶をすぐに思い出さないようにします。この作業を何度も繰り返させます。

　他方、この治療法をより効果的にするには、不安の原因となっている同じ対象について楽しかったこと、嬉しかったことを、あるいはそういった経験がない場合、その対象について他者から聞いた楽しい話などを思い出すことでもよいし、またその対象がどうであれば、どう変われば、自分にとってどのように楽しいか、嬉しいかといったイメージを描かせます。これを何度も繰り返す。不安の原因であった嫌な、恐ろしい、苦痛な記憶に、逆に楽しい、嬉しいといった認識が加わり、そのネガティブな面が弱められたり、軽視されたり、場合によって消去してしまいます。こうしてリラックス状態をさらに強く作り上げていきます。

しかしこの治療法は、あくまでも過去の経験による不安の緩和・除去を目的としたものであり、現在進行中の経験から引き起こされる不安は対象にしていません。たとえば、今の人間関係に対する不安、今いじめられている状況でのさまざまな不安・苦痛・恐怖、自分の今の学力や勉強努力での進路選択の不安、などの緩和には、この治療法はあまり効果がないかもしれません。この場合は、今の不安の原因を取り除くことが最も効果的です。

不安障害に陥っているとまではないが、強い対人不安の症状が見られる子供には、当然のことですが、対人関係能力は育ちません。だから自立力も発達しません。自立力が低いので、親や周囲の人たちへの依存心は強いのですが、自分から積極的に他の子供に接近したり、遊びの輪に入ることができません。いつも引っ込み思案に見られ、しばしば仲間外れにされてしまいます。この結果、対人不安がさらに募ってしまいます。

解決方法

この治療法によって、問題を解決しようとする場合、専門の医療機関に行くのが適切でしょう。

大人になり切れていない

自己中心的で、相手の立場に立って物事を見たり考えたりすることができないし、状況の変化に応じて、適切な行動を取ることができない。大人になり切れていない青年に特徴的な点は、アイデンティティのモラトリアム状態から脱却できていないことです。この状態は対人関係能力や問題解決能力を低下させます。そしてそれらの低下が自立力を低下させ、青年が大人へと成長していくのを妨げてしまいます。さらに、大人になり切れないことが自立力の発達を妨げてしまいます。悪循環に陥ってしまいます（**思春期（青年期）全般　感情「いつまでも大人になれない」**も参考にして下さい）。

「大人になり切れていない」という問題の解決では、2つのケースを検討し、2つの解決策を提案します。

ケース1．

原因は、健全なアイデンティティがまだ確立していないからでしょう。

エリクソンによれば、まだモラトリアムの時期から脱却していないのです（4、30）。青年（13

～18歳あるいは20歳前後まで）は、社会の中で自分の居場所、適所を探し求めていろいろな役割を試行しますが、なかなか見つけられない不安定な時期を過ごしています。ある者は理想主義に走ったり、現実にのめりこんだり、非行に走ったり、目的もなくぶらぶらしたり、宗教に走ったりと、さまざまです。

本来、青年は自分が自分自身をどう思うか、どう感じるかということよりも、他者の目に自分がどう映っているか、また社会の中で自分が得ることができる職業に自分の興味や性格、技能がどのくらいフィットしているのか、本当にやっていけるのか、ということに非常に強い関心を持っています。

もしモラトリアム状態から抜け出せない場合、アイデンティティの拡散（「自分はいったい何者か」ということについて混乱し分からない状態）に陥ったり、負の同一性（負のアイデンティティ：社会的に受け入れられない自己。例えば不良、暴れ者、社会的逸脱者、引きこもり、犯罪者、など）を作り上げてしまう。

また、フロイト学派のコフートによれば、パーソナリティの発達に失敗すると心理的葛藤が始まり、自分を全体的に捉えるということができなくなり、その結果自分が分からなくなってしまう。とりわけエディプス期に、親のイメージと自分を結びつけるのに何度も失敗すると、自分がバラバラになってしまいます(32)。

解決方法

親や教師は、子供が健全なアイデンティティを確立できるように支援して下さい。しかしそれはあくまでも子供の自発的自主的な努力が優先されます。その際に最も重要なことは、自信を強めること、とりわけ危機克服力、つまり問題解決能力の自信を高めることです。そのためには、子供自身が自分にとっての危機もしくは重大な問題を感じたり認識できることが大前提です。それには、子供自身がさまざまな経験をして試行錯誤的に問題を発見したり、モデリング（代理学習）によったり、親や教師とりわけ友達を通じて問題を、そしてその解決方法を発見・認識することが有効です。

子供が自分にとって重要とか気にかかる問題を発見したら、親や教師の目から見てたとえつまらないことであっても、その問題の解決あるいは克服に積極的に立ち向かうように勇気づけて下さい。どうしても解決できない場合は、親や教師が手助けをして下さい。いずれにせよ、子供が悩み、考え、自分の力で解決していくことが最も大事なことなのです。

ケース2

原因は、苦しみ、悲しみ、悩み、辛さをうまく克服できないからです。

この苦しみというのは、正確には、青年期（特に12～18歳）特有の自分の身体的特徴や友達との人間関係、家族の中での役割の変化、親からの経済的独立、進路の決定などで悩んだり、辛さを感じたり、困難を感じたり、心を痛めたりしている状態を指します。

フランクルは、自分も含め家族がナチスの強制収容所に入れられた経験をもとに、自殺防止と抑うつの治療を専門的に研究し、著書『「生きる意味」を求めて』（１９４６）を出版しました。その中で、彼は、人間には苦しく破滅的な状況でも、それに耐え抜き前進するための二種類の強さがあると言います。それは、決断する力と、自由な気持ちを持つ能力です(3)。彼は、人間は環境や出来事に左右されるだけの存在ではないと強調します。

彼は、苦しみは、その意味が見いだされる時に、耐えうるものとなる、苦しみではなくなる、と言う。この意味とは、改めて考えだすものではなく、すでにあるものの中から見出すものだという。過去に例があり、その効果が立証されているだけに、その意味付けは信頼されやすいのです。

解決方法

親や教師は、フランクルに基づけば、青年が感じている苦しみ、悲しみ、悩み、辛さが、自分にとってどういう意味があるのか（それが自分にどんな試練を与えているのか、それを克服する努力を通じて自分はどう変わっていくのかを理解する）を考えさせ、それを明確に認識させることが大事です。

その意味付けができれば、青年は決断する力と、自由な気持ちを持つ能力を獲得することができます。これはまさに強いストレスや精神的苦悩を克服する力の獲得を意味しています。

親が子供の「理由なき反抗」や合理的な反抗にとまどう、対処しきれない。場合によっては子供を放任してしまう

原因は、子供が親から独立したいと思うと同時に、まだ依存したいという相反感情を持っているからです。

子供は、青年期に入ると、心身の急激な発達に伴って種々の能力も高まり、次第に親からの制約や親への依存から脱却し、自分の判断と責任で行動しようとしていきます。つまり親からの離脱です。

児童期までの、自分の行動モデルであった親の行動を、自分の自由を束縛する圧力と感じるようになり、強い反発も示すようになります。つまり、あらゆる場面で親に反抗的態度を示すのも、この時期の特徴です。しかし、独立を求めて親に反発しながらも、一方では、まだ親に依存しようとする気持ちも持っています。相反感情の存在です。この時期がいわゆる「理由なき反抗」の時期なのです。

親への反抗の理由の学年変化を調べた研究によれば(13)、

・感情的反抗

権威による強制・圧迫への反抗は、中学生は高校生の約2倍です

自由の束縛・干渉への反抗は、高校生が中学生よりも少し強く感じている
叱責、侮辱、皮肉への反抗は、中学生の方が高校生よりも3倍程度強く感じている
・批判的反抗
無理解への反抗は、中高生ともに同程度です
意見の相違による反抗は、高校生の方が約3倍強く感じている
親が法や常識に反することへの反抗は、高校生の方が1・5倍程度強く感じている

要するに、当初は独立心と依存心の間で揺れ動いていた親への感情的な反抗も、やがて自分なりの合理的な理由をつけて反抗するようになっていきます。通常は、親に対する反抗は、年齢が高くなるにつれて、質的に変化し、最後は親の欠点を認めたうえで、親を尊敬し愛するようになるものです。こうして自立心と自立力が徐々に発達していきます。

解決方法

親や教師は、子供が成長していき、健全なアイデンティティの確立をじっと待つのが最良かもしれません。この時期はそもそも、親からの制約や、親への依存から脱却し、自分の判断と責任で行動しようと模索している時期なのです。だから親や教師は、一方的に枠や型にはめ込もうとしたり、方向付けたり、叱ってはなりません。子供の自主性を大事にして、子供のもがきを暖かく見守ってください。

友達ができない、出来ても長続きせず、孤独感を感じている

原因は、その子供が相手に本当の自分をさらけださないことにあるかもしれません。つまり相手に自分の楽しみや喜び、不安・悩みや苦しみを心から伝え、分け合い、共鳴と共感によって結ばれた相互理解を深めることができないからかもしれません。

孤独感というものは、自分と同じような状態にある者を敏感にかぎ分け、急速に接近させます。友達関係には、一対一の交遊関係から、仲良しグループ、非行集団まで形態はさまざまありますが、そこには「お互いを共感し理解しあえるのはこの仲間しかいない」という強い排他性と凝集性（団結力）が存在しています。

児童期は、教室で座席が近い、家が近い、親同士が知り合い、などを契機として友人関係が生まれやすかったが、青年期初期に入ると、親切とか感じが良いといった情緒的要因や、性格、教養、趣味、家庭環境などの類似性を重視した結びつきが増加していきます。しかし共感と共鳴に基づかない、性格や趣味などの類似性だけによる結びつきは、浅い表面的な友達関係にすぎません。共感と共鳴は信頼関係を強め、お互いの間に相補性要求（お互い、相手の欠点や欠けているところを補い合い、二人でより大きな満足を得たいという要求）を生み出し、充足させます。

しかも青年期の人格形成に大きな役割を果たすのは、仲間関係の中でお互いの悩みや苦しみを分け合い、共鳴と共感によって結ばれた相互理解を深めることなのです。

自立力が強い青年ほど、本当の自分をさらけだすことができます。その結果、相手も安心して胸襟を開き、親密な信頼関係が生まれてきます。

解決方法

親や教師は、子供が共感と共鳴しあえる健全な友達を見つけ出せるように、場やきっかけを作ってあげるのが望ましい。そのためには、本来は、子供自身が相手に対して素直に本当の自分をさらけだせるように、育て、方向付けることが大事なのです。子供は親や教師から、さまざまなことを学習して育っていくだけに、親や教師の生き様（とくに信頼関係に基づく楽しい人間関係）や、子供に対する適正なしつけ・教育が求められるのです。

悪い社会的な集団に入るのを防ぎたい

子供が悪い仲間に入る原因として、ここではその本人の問題と社会状況を挙げます。しかし重要なのは本人です。子供自身が自分という人間を認めてもらいたい、自分意識を失いたくない・傷つけられたくないという気持ちが満たされないから、認めてくれる仲間に入るのです。ただその仲間がしばしば悪い集団なのです。子供が悪い集団に入らないようにするには、以下の通り、自己価値感を感じさせることです。子供は親や周囲の人たちに自己価値感を感じさせるためには、自立力を高めなければなりません。

子供を悪い集団に入らせないようにするために、2つのケースを検討し、2つの解決策を提案します。

ケース1.

悪い仲間だと分かっていても入ってしまう原因は、アイデンティティ喪失感に対する防衛なのです(18)。

子供が悪い集団に入って悪いことをし出すのは、その子が入った仲間がたまたま悪い集団であったことによる場合が多いのです。青年期では、仲間とかヒーローとかに、過剰に同一化しがちなのです。自分の集団の異端者や部外者を厳しく拒否したり、否定したり、攻撃したりします。このような行動は、自分のアイデンティティの喪失感に対する防衛だと考えられます。人は誰でも、特に青年は自分という人間を認めてもらいたい、自分意識を失いたくない・傷つけられたくない。そこで青年は自分を受け入れてくれる仲間に入り、互いに認め合い、助け合い、そして団結し、自分たち自身や自分たちの理想、行動様式、話し方、服装などを画一化することによって、集団同一性を守ろうとします。たとえば、暴走族などに顕著にそういった傾向が見られます。

解決方法

親や教師は、子供がそういった悪いグループに入っている場合、子供の行動を単純に一方的に批判したり、そのグループの是非を説明したり、また諭すことはあまり意味がありません。子供がそのグループに同一化しているからです。かえって、反発するだけです。

それではどうすればよいかというと、根本的な解決方法は、子供の存在自体や善いところも悪いところも、そして考え方や行為も認め受け入れて、子供のその悪いグループへの同一化を崩壊させることです。そういう子供は自分というものが周囲から認められず受け入れてもらえず（自己価値感の低下・喪失）、日常の生活で自分の身の置き所がないのです。だから具体的には、たとえば子供がやっていることややろうとしていることを、たとえそれが親の目から見てあまり納得のいかないことであっても、認め優しく見守り、子供に健全な興味を喚起するような経験をさせたり、もしくは駆り立てて、悪いグループから離脱させることです。悪いグループに入っていることが自分にとってどんな不利益が起こるかを実際に体験させて、理解させ、自発的に離脱するのを待つ、場合によっては支援することも良いでしょう。親や教師が手助けをして健全なグループに参加させることも有効でしょう。また、悪いグループそのものを法的措置を使って崩壊させることも必要です。他にもいろいろな方法があるでしょうが、本来は、子供がそういう状態に陥らないように、児童期に母子の間で強い信頼に基づく愛着関係を作り上げ、適正な社会訓練をしておかなければならないのです。これは親の責任です。

そして、最善の策は、そもそも子供が自らの力で健全なアイデンティティを確立することなのです。

ケース2.

原因は、社会状況の力です。子供自身のせいではありません。

ジンバルドー（Zimbardo,P.,1933-：イタリア系移民の子で、スタンフォード大学教授、アメリカ心理学会協会会長）はミルグラムの服従の研究に刺激を受け、大きな力を持った権威ある地位に就くと、人はどう振舞うのか、つまり人はなぜ自分に与えられた権力を積極的に行使もしくは濫用するのかについて研究しました（3、33）。１９７１年に有名なスタンフォード監獄実験を行いました。

スタンフォード監獄実験というのは、被験者は中流階級の米国の大学生24人で、「自分が精神的に健全であることを確かめるためテストを実施する」という名目で開始された実験です。

実験の経緯

1. 学生たちを、コインの裏表で、看守か囚人の役割を与えた
2. 次の日、囚人役の学生たちを自宅で逮捕し、本物の警察署に連れて行き、その後、偽の監獄（スタンフォード大学心理学科内の地下室の部屋）に入れた

3．そこでまず、囚人たちは服を脱がされ、身体検査、シラミ取りをかけられ、囚人服と寝藁が与えられた

4．匿名性と非人間性を際立たせるために、番号で呼び、片足の足首を鎖につないで、自由がないことを思い知らせた

5．看守は、軍隊風の制服とサングラス（囚人とアイコンタクトをさせないため）を身につけ、鍵、警笛、手錠、警棒を持たせた

6．看守には、一日24時間勤務で、囚人への完全な支配権を与えた。つまり命令を守らせるためなら、必要と思われることは何をしてもよいという権限が与えられた。しかし、囚人たちのうち一人が、実験開始後36時間で、泣き叫び、怒りの発作に襲われたために、実験からただちに解放した。他の囚人も、切迫した苦痛の兆候を示し始めたために、実験は即座に打ち切られた。

発見

・権力を持った地位に就けられた人は、自然にその権威を行使、あるいは濫用しだす。

　つまりどの看守も、権力を濫用し、居丈高にふるまい、囚人は食事もろくに与えられなく、また頭巾をかぶせられ、鎖でつながれて、自分の手で便器掃除までさせられた。看守は、退屈すると、囚人を使って遊びだし、品格を貶めるようなゲームまでやらせた。

・服従する立場に置かれた人たちは、権威に進んで従った。

・看守役の学生を邪悪な行動へと導くのは、その人個人の気質ではなく、社会状況の力であった。

要するに、善人でも、一見正当と思われるイデオロギーと、承認済みの規則と役割が与えられると、残忍な行為に進んで手を染める。人は誰でも、社会状況（社会や制度の力）如何で、悪人になってしまうのです。悪い仲間に入ったから、悪いことをし出すのではありません。権力を与えるから、悪いことをし出すのです。

解決方法

ジンバルドーによれば、人は自分の意志とは関係なく、与えられた役割あるいは置かれた社会状況の力に従います。だから子供に反社会的な集団に入らざるを得ないような社会状況を作らないことです。つまり親や教師は、子供が反社会的集団に入って悪いことをしないようにさせるには、そのような集団に入ってしまう、入らざるを得ないような社会状況（家庭や学校）に子供を追い込まない、あるいは陥らせないようにすることが第一です。

そこで一番望ましいことはそもそも、日常生活で子供の社会的欲求や自己価値感を満たしてあげることです。そうすれば、子供は悪い仲間に入ろうという気が起こりません。

さらに子供の周囲に反社会的集団やそのメンバーが存在しなければさらに良いことです。し

かしもし存在しているとしたら、

・子供自身に、反社会的集団に入りたくないという意志あるいは気持ちを持たせることが大事です。

　そのためには、幼児期、児童期に、善悪のしつけや教育が不可欠です。その際、とりわけ親は子供と愛着関係を築いておく必要があります。また親や教師は、子供にとって見習うべき手本になる必要もあります。

　さらに子供に夢や希望を持たせる、あるいは社会的に望ましいことであれは何でもよいから、興味・関心を育ませ、それに夢中に取り組ませることも大切です。

・子供が反社会的集団に入れないようにする。

　子供が反社会的集団に入るきっかけを取り除くことです。たとえば、悪い友達と接触したり遊ぶことができないように、多忙な生活（学校の部活動、塾やスポーツサークル・習い事通い、親や家業の手伝い、社会貢献活動、兄弟の世話、など）をさせることも役に立ちます。

社会的に望ましくない行動（非行などの反社会的行動や、引きこもり・不登校などの非社会的行動）や、問題視されるような行動はして欲しくない

つまり「慢性的起床困難、奇妙な服装や化粧、言動の男女の性役割の転倒、思春期の痩せ症・拒食症・過食症、暴走族などの反社会的勢力に入って社会秩序を乱す、定職にも就かず社会・政治批判や攻撃ばかりしている」といった人間になって欲しくない。
ここでは、青年が社会的に望ましくない行動を取る原因を4つ挙げます。その中でも特に重要なものはアイデンティティの拡散です。アイデンティティの拡散というのは、後述しますが、家庭や学校、職場で求められる役割の間に対立や矛盾があって、どうしたらよいか分からない状態です。その結果、一部の青年はその解決に立ち向かい解決しようとするのではなく、逃避を図ります。その逃避先が意識的にせよ、無意識であっても、社会的に望ましくない行動を取ることなのです。この逃避先はどのようなものであれ、健全な自立力を低下させます。またその社会的に望ましい形での発揮を阻害します。しかも自立力が低下し、その逃避先に埋没してしまったり長期化していくと、その逃避先から抜け出せないようになってきます。一刻も早く抜け出さなければなりません。

子供に社会的に望ましくない行動をさせないために、ここでは4つのケースを検討し、4つの解決策を提案します。

ケース1.

青年の問題行動や異常心理の原因は、アイデンティティの拡散です。

アイデンティティの拡散と確立は、主に児童期に親との間でどのような愛着関係を持っていたのか、また親や教師からどのようなしつけや教育を受けてきたかに拠ります。児童期はまだ、一瞬一瞬の興味と関心によって、その場その場の行動目標や達成動機を追っていきます。しかし青年期では、たとえば10年後の希望的な自己に向かって、今は努力をし続けなければならないとか、2～3年後の満足や幸せのために現在の苦労を耐えるようになります。問題行動を起こす子供は、この苦労に耐える力や意志が弱いのです。また価値観が不適正なのです。

エリクソンは、青年の問題行動や異常心理を、アイデンティティの拡散という形でとらえています（4、30）。拡散という概念は、混乱とは違い、外から見て全く不統一とか矛盾としか見えない種々の逸脱行動も、それらの根底にはアイデンティティという要（かなめ）があり、その多様なアイデンティティが対立・葛藤状態にあることを意味しています。つまり自分が持っている、もしくは担わざるを得ないさまざまな役割の間に矛盾や対立があり、どうしてよいか分からず、途方に暮れているとか、もうどうでもいいやという自暴自棄に陥っている状態です。だから、このような状態から一時的に抜け出す、あるいは無視するために、アルコールや薬物、不純異性交遊にふけったり、悪事に染まったり、ただ単純に目立ちたがる行動に走ったりします。

青年の問題行動や異常心理の原因は、まさにアイデンティティの拡散（役割の多様性における葛藤）に陥っているからなのです。

また、青年期は、劣等感の強い時期でもあり、特に自分の性器や性的成熟度、性的能力、容姿・容貌に不安や不満を抱きやすいものです。これが自閉的傾向（非社会的行動）を生む大きな原因だとも言われてます。しかもそれは反社会的行動の原因ともなるのです。

解決方法

このような子供には、親や教師は教育や指導に慎重を期す必要があります。青年期の教育・指導は本質的に、自己の自覚を促進させるものでなければなりません。賞罰主義や厳しいしつけ、鍛錬主義ではなく、子供自身に徹底的に自発的な自己洞察をさせ、社会に受け入れられ、かつ自分もその中で生きていくことが幸せだと信じさせることが必要です。適正なアイデンティティ確立を志向させる自己洞察が必要なのです。

そのような自己洞察を高めるには、その青年個人の発達段階、生育環境、能力の3つに応じた、「問い」（課題）を与えて解決させていく必要があります。たとえば、自分は現在どの程度精神的に発達しているのだろうか。今の家庭や学校などの社会環境は自分にとってどういう意味・意義があるのだろうか、環境を変えたら自分はどうなるのだろうか。今自分にはどんな能力があるのだろうか、それを高めるにはどうすればよいのだろうか、将来さらにどんな能力が必要なのだろうか、など。

ケース2.

さらに原因として、性的未成熟が挙げられます。

青年期には、ピアジェによれば身体的・性的成熟、形式的操作の完成に見られる知的成熟、フロイトによれば親への依存からの脱却、さらには社会生活の拡大や仲間集団への同調性などを基調にエリクソンが主張する自己概念（セルフ・コンセプト）や自己同一性が形成されてきます。

この時期は臨床心理学の見地からは、とくに以下の点が重要な時期です。

・新たなカセクシス（特定の人や対象に心的エネルギーを向けること）の対象の探索が、ロマンティックな性愛、仲間集団の形成・参加、自我理想の追求や社会的理想の追求に向かわせます。しかしその試行錯誤の途中に、不適切な対象選択に固着してしまうことがあります。またカセクシスの対象が得られないという不安も生まれます。

・身体的、性的成熟の結果、社会生活の場の拡大、下位文化（学校や仲間集団、職場の文化）への接触の機会の増大が起こります。この結果として、下位集団の形成や文化的感染が起きてきます。

・自己概念やアイデンティティの形成と結びついた主体性の自覚は青年期で最も重要な課題ですが、アイデンティティの部分的な拒否（たとえば性的役割や、家庭や学校の中での役割、社会人としての役割、などのうちどれかを拒否する）や、偽りのアイデンティティの形成の危険、アイデンティティの拡散ないし崩壊などが起きる可能性があります。

思春期は、身体的には大人に近づくが、精神的には自立した大人になり切れていないという意味で過渡期であり、また集団への所属が不安定な過渡期という二重の意味で、青年期は境界人です[14]。心理的に極めて不安定な状況にあります。特に女子に顕著ですが、身体的にも心理的にも激動の時期で、身長が伸び、第二次性徴（女子は乳房が成熟し体毛が発生し、初潮が始まる。男子は2～3年遅れて、変声、体毛の発生、射精が始まる）が発現してきます。男女ともに小学校の高学年になると、異性意識が発達し、身体的成長の個人差が大きくなり、体や容姿の劣等感に悩んだり、女子の場合は特に、母親との性的同一性の葛藤に直面し、思春期的危機が訪れることがあります。身体の変化を受け入れることができず、自尊感情が損なわれるとき、身体機能が直接、間接に影響されます。拒食や過食などの摂食障害が器質的障害でなく心理的要因に依るものであれば、自己受容の拒否、自尊感情の低下、成長拒否、未来展望の欠如などにもつながってきます。

　性的成熟の萌芽は児童期に現れますが、青年期になると顕著に異性への関心が強まってきます。と同時に、異性に対する反発や敵意といった嫌悪感を伴うことがあります。青年期に入ると、第二次性徴が出現してくる結果、性的興味や性的空想、性欲、異性との接触要求が起こってきます。しかしこの期には、社会や文化的な影響も強く働いてきます。たとえば社会によっては性的欲求に対する激しい禁圧や、性的成熟への加速現象もあります。特に、性役割（男らしさ、女らしさ）の内容は社会や文化によって変動し、現代のモノセックスなどの傾向も社会的な価値観の変化の表れです。

さらに、この期の女子は他人とくに男性の「まなざし」の中に特殊な性的情感を読み取って、自己概念を変えていくことが多いのです。

また、この期は男女ともに、性的欲求に対して罪悪感や不潔感、自己嫌悪感を持つことがあります。性的アイデンティティを確立できず、困惑と混乱に陥ることがあります。男女ともに、「性」が罪悪感、羞恥心、不浄感、自信、異性への愛・憎しみ、支配欲、冒険欲など、どのような情動と結びつくかが問題なのです。

生活全体が健康で、未来への理想に燃え、積極的に生きている青年にとって、性的欲求は自然で健康な生理現象です。しかし希望を失い、生活が退廃した青年の場合は、虚無的な刹那主義や虚栄心、支配欲、倒錯心理によって性欲が動かされることが多い。これが、反社会的行動につながることがあるのです。

解決方法

思春期は、前述の通り、身体的には大人に近づくが、精神的には自立した大人になり切れていないという意味で過渡期です。そしてアイデンティティが未確立なために、集団への所属意識が不安定な過渡期でもあります。心理的に極めて不安定な状況にある。拒食や過食などの摂食障害が器質的障害でなく心理的要因に依るものであれば、自己受容の拒否、自尊感情の低下、成長拒否、未来展望の欠如などにもつながってきます。また、性的アイデンティティを確立できず、困惑と混乱に陥ることがある。男女ともに、「性」が罪悪感、羞恥心、不浄感、自信、異性への愛・憎しみ、支配欲、冒険欲など、いろいろな情動と結びつくことがあるのです。

だから、親や教師は、子供の「性」意識や行動が罪悪感、羞恥心、不浄感、人間不信、自信低下・喪失、異性への憎しみ、支配欲、社会的に望ましくない冒険欲などのような情動と結びつかないように、諭したり、代理学習をさせ、自分の性はしごく当たり前のことだと信じさせる必要があります。

ケース3.

原因は、親や家庭に問題があります。

エリクソン(4)によれば、非行はアイデンティティの拡散（さまざまな同一性、青年期ではとりわけ家庭や学校、職場などでのさまざまな役割期待に対するジレンマ）によって引き起こされます。家庭や学校、職場、仲間などで期待されている役割間の矛盾に当惑している青年はさまざまな形で逃避を企てることがあります。たとえば、学校や職場を放棄したり、一晩中家に帰らなかったり、引きこもったり、遊び仲間の中に埋もれてしまうことがあります。ひとたび青年が「非行少年・少女」になってしまうと、彼らが最も強く求め、かつ唯一の救いになるのはしばしば仲間の存在であって、親や年上の友人や助言者を拒否します。なぜなら、親たちは子供たちを役割に応える良い青年と悪い青年という社会的判断によって区別するからです。

子供を非行に走らせる親には次のような共通点があります(17)。

・母親が強い身分意識を持っています。

より高い地位に就きたいとか、周囲の母親よりも良い立場で居たい、自分の方がいろいろな意味で恵まれているとか優れていることを知らしめたい・見せつけたい、などの願望が強く、良い地位や立場にあるように装ったり、お金や地位、ものに固執する傾向があります。彼女たちはほとんどどんな時でも、見かけだけの豊かさ・財産・幸福を追い求め、誠実さや知性の貴さを見失っています。しかも彼女らは自分の子供に見せかけの社交性というものを無理に身につけさせようとします。

・母親の子供の世界への過度の侵入と、過度の社会的脆弱性が見られます。

子供を非行に走らせる母親は、自分の子供に対して、独特の声や特別な優しさを持って語りかけ、哀願的に子供の心の中に侵入していきます。また彼女たち自身、他人からの承認と是認に餓えていて、幼い子供たちに不平や不満、とりわけ父親に対する不平や不満を吐露し、子供の心に重荷を負わせてしまう。そして、子供たちの存在によって自分の存在を正当化しようとする傾向があります。子供をモデルやタレント、スポーツ選手、高学歴者に育てるために夢中になっている親はある面では、子供を通じて自分を正当化したいのです。さらに彼女たちは非常に嫉妬深く、しかも他人の嫉妬には非常に敏感なのです。特に、子供が父親に同一化しようとする徴候を感じれば、父親にことさら激しい嫉妬をします。
・子供が非行に走っている家庭では一般に、父親は妻に逆らわない。父親が家庭で持っている指導力や誠実さがどんなものであろうと、子供に対する母親の社会的侵入性には及びません。

解決方法

親は、子供に多くの役割を同時に求めない、とりわけ矛盾する要求や期待をしないで下さい。進路の選択、職業選択や会社選び、友達の選択、など青年期の子供にとって重大な人生の出来事は、子供自身に任せることが大事です。しかも、とりわけ母親は、見かけだけの豊かさ・財産・幸福を追わない生き方をし、それを子供に示さなければなりません。貧富の差はあれ、今の家庭に満足し、誠実に知的に生活をしていくことが大事です。また周囲の人たちからの承認や是認にはあまりこだわらず、子供に不平や不満、愚痴を言わないようにして下さい。子供は基本的に親の生き方を模倣し、それを身につけようとしながら成長していきます。親を反面教師として自分の生き方を模索するのは、アイデンティティの確立期におけるモラトリアム状態にある時です。

ケース4.

原因は、感情が正常な判断を狂わせたのかもしれません。

人は悪いことだと分かっていても、それをやってしまうということがあります。昔、高倉健という名優がいました。彼の主演で「昭和残侠伝 唐獅子牡丹」という任侠映画があった。その主題歌に「義理と人情を秤にかけりゃ、義理が重たい男の世界」という歌詞があります。生きていくうえでは人情を大事にしているが、場合によっては、義理を優先しなければならないこともあるという男の生きざまを歌っています。つまり、人は通常、義理（人と付き合っていく上で、嫌でも守らなければならない世の中のおきて）よりも人情（困っている人がいればとにかく助けようとする人間らしい気持ち）を大切に生きています。ルールに従うべきかどうかを考えて問題を解決するというのではなく、まずは気持ち（感情）が先行して問題を解決しようとするというのです。それでは、善悪の判断がしっかりできる人、また合理主義に基づき冷徹な判断ができる人でも、感情が思考（合理的な判断）に先行するのだろうか。

ザイアンス（Zajonc,R.,1923-2008）は「そうだ」という。彼は「情緒的な反応は理性的な判断に基づくものではない。しかし感情と思考は実際には極めて深い相互依存関係にある。感情は、思考に先行するというばかりでなく、実際には当人の態度や決断を決める最も強力な決定要因だ」と主張する[3]。つまり人の意思決定を導くのは理性でも論理でもなく、人は意思決定する前に、すでに、即座に本能的に感情に基づいて決断を下してしまっているというのです。論理的推論は、意思決定を下す前に行われるのではなく、感情によって既に下された決断を正当化し合理化しているに過ぎないものなのです。しかも、感情が、その後に続く思考を方向付けまでします。たとえば、社員採用の面接試験で、面接官はしばしば、最初に感じた第一印象に基づいて面談をし、その結果を正当化するように評価し、最後に最終判断を下すのです。

解決方法

子供が社会的に望ましくない行動をするのは、親や周囲の人たちに自分の存在や価値、考え、行動を認めてらいたいという気持ちの現われです。その気持ちを満足させる1つが、悪い仲間に入ることです。たとえ悪い仲間だと分かっていても、自分を認めてくれる者たちです。気持ちが善悪の判断に勝っているのです。

だから、親や教師は、子供のそういった気持ちをきちんと受け止め、そしてそれを満足させる必要があります。そのためには、親と子供の間には、愛着関係と信頼関係がなければなりません。そうでなければ、子供は心を開きません。同じことが、教師と子供の間にも当てはまります。口頭で諭したり、叱っても何にもなりません。かえって、火に油を注ぐような結果になります。

また、子供に「寂しい、孤独だ」、「自分は役に立たない人間だ、どうでもいい詰まらない人間だ」といった気持ちを強く感じさせないことも、子供が悪い仲間に入るのを阻止します。こういった気持ちも、自分が認められていない、受け入れられていないと思うことから生まれてきます。このような気持ちの発生を抑えるには、楽しい家庭を築くとか、家庭や学校などで子どもに意味のある役割を与えるとか、親や兄弟あるいは友達と一緒に活動したり遊んだりする機会を作ることが重要です。

引きこもりを止めさせたい

エリクソンは、引きこもりの大きな原因の1つは自分自身や他人、社会に対する基本的不信感にあるといいます（4、30）。

彼は（4）、基本的不信感というのは自分自身や他人とうまく折り合いが付けられないと、自分の中に引きこもってしまう人間に特徴的に見られるといいます。引きこもり状態に陥った人は、閉じこもったきりになって、ひどい場合は、食事や慰めも拒否し、家族や友人のことも忘れてしまう。これはとくに精神病状態に退行する人の場合、典型的に見られる傾向です。引きこもりの人を助けたいと思うなら、彼らが「自分自身を信頼し、周囲の人たちや社会を信じることができる」という確信を抱くことができるような特別な接し方によって、彼らに接近しなければなりません。

基本的不信を抱いた青年は、どんな約束でも破り、何をやるにせよ無意味な経験に思え、自分の希望や期待、計画がうまくいかなくなったり破局に陥るとそれに係わったどんな人も裏切り者に思えてしまうのです。徹底的な、冷酷なほどの自己中心主義者です。

このような青年には自立心も自立力も育ちません。他人や社会をそもそも信頼してないので、人間関係を作ろうとしません。だから対人関係能力も身に付きません。自分を信頼していなければ、自分を磨くことが自分にできるとは思いません。また自分の能力を高めることの意義も理解できませんし、認めません。基本的不信感は自立力の発達の重大な阻害要因です。と同時に、自立心の低下は自己嫌悪や自己不信を強めていきます。

解決方法

引きこもりから抜け出せるのは本人の意志によるしかないのです。そのためには、本人が基本的不信から基本的信頼に変わるしかありません。基本的信頼を形成するためには、次の２つが不可欠です。

・自分自身や他人、社会から十分な満足が得られること

そのためには、健全なアイデンティティを確立することです。これを実現するには後述の「思春期（青年期）全般　人格『**自分で自分が分からない**（**本当の自分らしさとは何か**）、**自分はどう生きていけばよいのか、自分が頼りない**（**自分に自信が持てない**）**ということにひどく悩む**』**ケース１.**」を参照して下さい。

・自分が何をするにせよ、それは時間をかけてやれば価値のあるものになるという見通しを持ち、そしてそれを確信すること

つまり子供自身が自分の行為に意味と自信を持つことです。そのためには、親や教師や周囲

の人は、基本的不信に陥っている子供の考えや行動をとにかく認め受け入れ、しっかり支援する必要があります。

このエリクソンによる2つの提言を実行するのは、時間もかかり、難しい。しかし親や教師は、子供が引きこもりから抜け出すように支援をしなければなりません。そうすると、先ずしなければならないことは、そのような子供と何でもよいからコミュニケーションを取ることが大事です。そしてどんな些細なことでもよいから、子供に何かをさせることです。こうして子供に自信を持たせて下さい。

たとえば、引きこもって、ゲームや漫画、テレビ等に熱中しているとか、他にやることがないから無為にそういうことをしていても、そこには、子供自身が活動をしている姿があり、親や他者がコミュニケーションを取るきっかけがあるのです。

本当に親密になれ、信じあえる人に巡り合えない

原因は、アイデンティティの形成がうまくいってないからです。

エリクソン(4)によれば、真の親密さとは他者への変わらぬ献身、そして個人的な犠牲と妥協もいとわない献身から生まれます。青年期の親密さというのは、まだアイデンティティそのものが確立しておらず、真の親密な関係を忌避したり、本当の献身をしようとする意思もなく、ただ誰彼となく、その場限りの親密なような関係を持とうとしているにすぎないのです。他人

と親密になりたいが、自分というものを見失いたくない。この意味で、親密さと孤独の葛藤は青年期よりも、成人期前期（20〜25歳頃）に発生すると言われますが、実際は青年期にも多く見られるのです。この親密さと孤独の葛藤は、アイデンティティのモラトリアム状態時の心理的葛藤の次に位置される核心的な葛藤だと、エリクソンは言います。

　青年期にアイデンティティの形成がうまくいってなければ、若成年期（20〜45歳頃）に入っても、真の親密さの形成は不可能です。どんな犠牲を払っても心から尽くしてあげたい、また尽くしてもらいたいと思う相手を見つけることはできません。ただその時々の、その場限りの自己満足のための相手を見つけるだけです。他方、青年期の危険は「孤立」です。人は、自分にとって本質的に危険だと感じる人やモノ、力から孤立し、必要とあれば、それを破壊しようとまでします。この時、人はその他者と接触したり親しくなるのを嫌い、型にはまった浅薄な関係を維持しようとします。

　他人と真の「関わり合い」を結ぶことは、確固たる自己が確立されていなければなりません。と同時に、それを結ぶことは自己確立の試練でもあります。自己がまだ確立できていない場合、青年はしばしば暫定的な形での「見せかけの遊戯的な親密さ」、つまり見かけ上の親密さを求めることがあります。この場合、アイデンティティの喪失という危機感を覚え、かえって自分をあえて心理的に孤立させ、せいぜい通り一遍の形式的な対人関係を持つだけになろうとします。そうしない場合、青年は見かけ上の親密さを繰り返し、結局は挫折感に陥り、一番親密になってはいけない相手と親密な関係を結んだり、親密になるはずもない相手と親密になったりします。この原因は、アイデンティティ確立の感覚が得られないからです。

本当に親密になれ、信じあえる友達ができない子供というのは、自分の本当の姿を相手にさらけ出しているのでしょうか。相手が困っていたら、心から、自分を犠牲にしても助けよう、力になろうとしているのでしょうか。こういうことができるのは、自分というものをしっかり持っている人間です。そうでなければ、ただその場の雰囲気に流されていたり、極端な場合、共依存に陥っている人です。つまり真の友人を作るうえでは、強い自立力が不可欠なのです。

解決方法

親や教師は、子供が本当に信じあえる人に巡り合えるためには、子供自身に自己を確立させることです。しかし思春期前期では、まだ子供はアイデンティティを確立していません。確立しようともがいている時期です。このような時期であっても、場合によっては、子供が自分を信じ、自分の考えというものをしっかり持ち、自分らしい生き方をできるように支援することが必要です。その支援の基本は、子供の自主性を尊重することです。そして子供が何かに悩んでいたり、困っている時は、親は優しく寄り添い、相談相手になり、一緒に子供が抱えている問題を解決して下さい。

思春期全般（12歳～18歳位）

感情

人間関係に苦しんでいる子供を何とか助けたい、力になってあげたい

ここでは人間関係に悩んでいる子供を助ける方法を、３つの原因ごとに解決方法を模索しています。この原因のうち、グラッサーは対人関係能力の低さを指摘しています。対人関係能力は自立力の重要な形成要因です。そして自立力が強くなれば、青年は家庭や学校、職場で自信を持って自分に課せられた役割を、自立力の弱い人よりも、果たそうと努力することでしょう。そうすると、より良い結果（親の満足や喜び、それを知ることによる自分の満足・喜び、学業成績の向上、など）が生まれる可能性が高くなります。これらの結果が自分の役割行動の自信を高め、自立力を高めていきます。だから人間関係に苦しむ子は自立力を高める努力をする必要があります。親や教師はそれを支援することができます。心理的回復力と自信の関係は「結び」をご覧下さい。

ケース1．

原因は、対人関係能力が低い、もしくは対人関係が苦手な性格です。

グラッサーによれば（3）、

1. 人は皆生まれつき社会的な存在だから、生存欲求は別にして、愛と従属欲求が最も強い欲求である
2. 親密な人間関係がうまくいかなくなると、人は不幸を感じる
3. 過度に不幸を感じると、通常は、精神疾患を発症し、さまざまな兆候を表す
4. 心理的な問題のほとんどは、対人関係を修復することで治療することができる

この主張の背景としては、

・人は皆、喜びを増し、苦しみを減らすように行動するように動機づけられている。
　人は、基本的に、自分をより良い気持ちにさせるように、考え、振舞うことを望んでいる。
・あらゆる喜びと苦しみは、遺伝的に組み込まれた5つの欲求（生存、愛と従属、パワー、自由、楽しみ）を満たそうとする努力から生じている。これらの欲求のうち、どれか1つでも満たす行動は喜びを生む。しかし、それに失敗すると、苦しみをもたらす。これらの欲求の満足は、究極的には、人間同士の相互関係を通じてのみ可能である。

グラッサーは、人間が生きていく上で、対人関係能力が最も大事だという。それでは、これはどうすれば、高めることができるのでしょうか。

解決方法

親や教師は、その子供がたとえ一人でもよいから親密な関係を結べる友達ができるように、あるいはまた友達がいればその子と親密な関係を築けるように、支援する必要があります。特に子供が引っ込み思案や我が強い、自己中心的、自分の世界に没頭する、友達に嫌われている、とかいった子供であれば、その子に対して、

1. 先ず、その子が友達との関係でどうありたいのか、何をしたいのかを、子供自身に明確にさせて下さい。
2. 次に、そのためには具体的にどうすればよいのかを子供自身に探し出させ、明確にさせて下さい。その際、あくまでも人間関係に焦点を当てるように指導する。つまり人間関係の改善策探しです。
3. 子供が実際にしている友達付き合いや親密になろうとしている行動が目指す目標の達成に近づいているかどうかを、自分で評価するように、子供を力づけて下さい。
4. 最後に、その評価結果に基づいて、次にどうするかを子供自身に考えさせて下さい。

さらに、解決方法としては「**思春期前期　行動　『友達ができない、出来ても長続きせず、孤独感を感じている』**」、「**思春期前期　行動　『ストレスに強い人間に育って欲しい。子供が強いストレスを感じていて、自暴自棄に陥っているようだ。なんとかしてやりたい』**」も参考に

して下さい。

ケース2．

原因は、子供の心理的回復力の弱さにあるのかもしれません。

シリュルニック（Cyrulnik,B.,1937-：フランスのボルドー生まれのユダヤ人で、両親ともにアウシュビッツの強制収容所に送られたが彼だけが脱走に成功し、その後一人で生きていき独学でパリ大学医学部に進み、トラウマを抱えた子供たちの研究に従事）は、悲劇に見舞われた時、大きなダメージを受け、深刻な抑うつないし失望に沈み込み、耐え抜こうとする意志さえ失う人がいるという。災厄にすっかり心を奪われ、悪夢やフラッシュバック、不安にさいなまれます。他方、そういった災厄から大きなダメージを受けることなく、すぐに立ち直れる人もいます。彼らは、苦しみに満ちた状況を乗り切り、前進していくことができる。この差を心理的回復力の違いだと彼は考えました(3)。

彼は、心理的回復力とはそもそも個人に備わった性質や能力ではなく、他者との相互作用を通じて形成されると言う。一人ぼっちの子供には回復力は生まれにくいのです。この人間関係を通じて形成されるポジティブな感情とユーモアが、回復力のカギだという。ポジティブな感情とユーモアを身につけた人は、人生の困難やトラウマに対して、よりよく対処でき、困窮の中にも意味を見出し、それを啓発的で有用な経験と見なす。それどころか、それを笑い飛ばすこともできる。回復力のある人は、たとえ現在がどんなに苦しくとも、将来、事態がより良い方向に転じるかもしれないと考えます。

心理的回復力の旺盛な人は、苦しみというのは立ち向かう決断を要する試練だと考えます。つまり何が起こってもこれまでの経験や人間関係に頼るだけではなく、それに耐える新たな方法を見つけ出し、克服し、前進していくことができます。

人は正しい支援さえ与えられれば、とりわけ子供たちはトラウマからすっかり回復する力を秘めています。トラウマを負った子供の脳は脳室と大脳皮質の縮小を示しますが、トラウマを負った後で、十分な支援と愛情を受けた子供は、一年以内に脳が正常に戻ることがＭＲＩ断層撮影で確かめられているそうです。

トラウマを構成する要素には２つあります。１つは、心に負った傷であり、もう１つはその傷が再現されることです。子供にとってダメージの大きなトラウマというのは、その出来事について大人や世間が貼るレッテルなのです。子供にとって、レッテルを張られることで、ダメージが一層大きくなり、元の経験以上にひどい結果をもたらすのです。

解決方法

親や教師は、子供が友達と楽しく遊び良好な人間関係を作っていくのを暖かく見守り、場合によってはそれを促進してやる必要があります。その人間関係を通じて、子供はポジティブな感情とユーモアを身につけていき、苦しみを乗り越えていく心理的回復力を高めていきます。

　ポジティブな感情とユーモアを身につけた子供は、クラスでのいじめや、今まで親友であった子が自分から疎遠になっていく、みんなの前で教師からひどく叱られる・馬鹿にされる、などの疎外感や屈辱感に対して、よりよく対処でき、それを啓発的で有用な経験と見なすことができる、それどころかそれを笑い飛ばすこともできます。いわゆる、たくましい子供です。たくましい子供というのは、心理的回復力の旺盛な子供であって、だいたい楽観主義、前向きで、たとえ現在がどんなに苦しくとも、将来、事態がより良い方向に転じるかもしれないと考える傾向があります。また、何が起こってもこれまでの経験や人間関係に頼るばかりではなく、それに耐える新たな方法を見つけ出す如才なさと問題解決力を持ち、克服して行くという行動力も兼ね備え、前進していくことができます。

　子供をこのようなたくましい子に育てることが肝要なのです。そのためには、必要であれば、適切な支援をしなければなりません。たとえば教師であれば、クラス全員で、あるいはグループを変えながら、何か共同作業をさせてコミュニケーションを活発にさせ、問題を共同で発見させたり解決させるとか、親の場合は少なくとも、子供の人間関係を大事にし、子供の友達関係についていたずらに干渉しないとか、子供を親の都合で時間や場所を拘束しないとかが必要でしょう。

ケース3．

原因は、苦しみをポジティブに解釈できないからです。

ここで苦しみというのは、青年期特有の自己の身体的特徴や友達との人間関係、家族の中での役割の変化、親からの経済的独立、進路の決定などで悩んだり、辛さを感じたり、困難を感じたり、心を痛めたりしている状態を指します。

フランクルは、自分も含め家族がナチスの強制収容所に入れられた経験をもとに、自殺防止と抑うつの治療を専門的に研究し、著書『「生きる意味」を求めて』（１９４６）を出版しました。その中で彼は人間には苦しく破滅的な状況でも、それに耐え抜き前進するための二種類の強さがある、と言います。それは決断する力と、自由な気持ちを持つ能力です[3]。彼は、人間は環境や出来事に左右されるだけの存在ではないと強調します。

彼は、苦しみはその意味が見いだされる時に、耐えうるものとなり、苦しみではなくなる、と言います。この意味とは、改めて考えだすものではなく、すでにあるものの中から見出すものだという。過去に例があり、その効果が立証されているだけに、その意味付けは信頼されやすいのだという。

解決方法

親や教師は、以下の順序で、人間関係に悩んでいる、苦しんでいる子供を助けることができるでしょう。

1．その悩みや辛さが実際どういうもので、どのくらいひどいものなのかを子供自身に具体的に認識させる。

2．次に、それがその子供にとってどういう意味を持っているのかについて、子供自身に考えさせる。場合によっては、子供と一緒になって、過去のケースから探し、見出す。

ただし、その際、とりわけ子供の方に、過去のさまざまなケースに心を広く開いて、何かに囚われたり固執するのではなく、真っ白な状態で自由にケースを検討させることが重要です。たとえば、子供がクラスの中でいじめられて苦しんでいる場合、その子供を苦しめている者やその動機を追及して、それをやめさせようとするだけではなく、いじめられている子供自身が「自分の今の苦しみは、過去の誰々の例に見られるように、……の点で自分を強くしてくれるとか、誰々のようにもっと勉強して成績を上げて良い学校に進むきっかけになるとか、この辛さを経験しているから将来は良い教師になれるはずだ」という風にポジティブに解釈するように導く。

3．しかし解釈し直すだけではだめで、そこには、その意味付けしたことを実行するという決断と実際に行うことが不可欠です。

この解決方法は、自分を苦しめているもの（原因）を取り除くことがむずかしい場合に、とりわけ有効でしょう。しかし、取り除くことがそれほど難しくなければ、やはり除去した方が良いでしょう。精神療法よりも、たとえば学校を代わるとか、いじめ集団を崩壊させるといった外科的手術の方が根治的解決につながるでしょう。

強い劣等感を取り除いてやりたい

劣等感のない人間はいないでしょう。どんな人でも何かしら劣等感を持っています。劣等感を持つ主な原因として、以下で3つの原因を挙げています。その中でも特に重要なものはケース1です。人は自信を失ってくると、何かをしようという意欲も薄れ、新たな行動をしようとしません。そうして今までの自分のプライドを傷つけないようにします。そうすると、人は保守的になり、先例踏襲に走ります。無難な道を選ぼうとします。子供の場合、これは自立力の発達を妨げてしまいます。また、自立力の低下が劣等感を強めてしまいます。この悪循環はどこかで断ち切らねばなりません。

「強い劣等感を取り除いてやりたい」という問題の解決では、3つのケースを検討し、3つの解決策を提案します。

ケース1.

強い劣等感を持つ原因は、自信がないからです。そのために、自尊心（プライド）が守れないからです。

アドラー（Adler,A.,1870-1937：ウィーン生まれの医師で、フロイト学派から離反）は、身体障碍者を研究して、障碍者で高度な運動能力を発揮している人とそうでない人の間で、その障害が強力な動機付けの力となっていることを発見しました(3)。しかも、障害を動機づけの力にしうるかどうかは、その人の自尊心であったのです。

彼は「人間であるということは、自分が劣っていると感じるからだ」という。劣等感を持つのは人間であれば、当たり前のことなのです。かえって劣等感を持っていない人間の方が問題があるのです。彼は、自分が劣っていると感じるのは、幼児期にその起源を持つ経験によるという。子供は常に自分よりも優れた身体的能力や優れた精神的能力を持った人々に囲まれているから、自然と劣等感を感じる。この劣等感を拭い去りたいために、子供は周囲の人たち、とりわけ親や年長者の能力に近づこうとする。これによって、子供は、自分自身を発展させ、目標を達成しようという気になるのです。

通常、子供であれ大人であれ、目標を達成できると気づくたびごとに自信を獲得していく。劣等感というのはそもそも、次の目標が現れ、克服できないと気づくまでは発生しない。しかし劣等感でも、能力のみならず容姿や美醜などの身体的な劣等感を抱いた人は、劣等感が一般化し、劣等感コンプレックスに行きつく危険性がある。そうなると、劣等感はなかなか取り払うことはできません。他方、目標に到達したいとたえず望む人には、優越感コンプレックスという症状が現れることがあります。こういう人は、目標を到達したからといって、自信は生まれず、絶えず目標達成に駆り立てられる。このわけは、その人が他者からのさらなる認知と達成を求めるように駆り立てられるからです。どちらのコンプレックスも、バランスを欠いた人格を形成します。

劣等感を持つことが人格形成にどのような影響を及ぼすのかについて、アドラーは次のような主張をしています。

1．どんな子供でも劣等感を持つが、それは彼らの周りに強くて優れた人々がいるからだ

2．劣等感は、子供たちに頑張って何事かを達成しようという動機付けとなる

3．健全でバランスの取れた精神を持った子供の場合は、成功が劣等感を吹き消してしまう。その結果、自信を強める。

4．他方、健全でバランスの取れた精神を持っていない子供の場合は、成功が劣等感の克服をもたらさない。その結果、劣等感コンプレックスだけが大きくなる。

解決方法

親や教師は、まず子供が何かしら劣等感を持っているのは当たり前だという認識をしなければなりません。適度の劣等感は子供の成長を促進させるモティベーター（動機づけの力）とな

ります。しかし、子供に何らかの強い劣等感が見られ、それを取り去るあるいは弱めなければならないと思う場合、劣等感を生んでいる対象について、低いハードルから始め徐々にそのハードルを高めていって、最終目標を達成させることが必要です。子供はハードルをクリアできたと気づくたびごとに自信を獲得していきます。これが子供の自尊心（プライド）を守る、また強めることに通じます。

しかし能力のみならず容姿や美醜などの身体的な劣等感を抱いた子供は、劣等感が一般化し、最悪の場合、強い劣等感コンプレックスに行きつく危険性があります。そうなると、劣等感を取り除くのは非常に難しくなります。だから親は少なくとも子供の能力や、容姿や美醜などの身体的な特徴について厳しい評価をしたり、口にしたり、他の兄弟やよそ子や親の前で言ったり、特に他者と比べては決してなりません。それらは現時点での子供の特徴あるいはまた個性だと考えなければなりません。そうしなければ、子供の自尊心（プライド）を否定したり、破壊してしまうことに繋がっていきます。

また子供が将来、優越感コンプレックスという症状にさいなまれ、バランスの欠いた人間にならないようにするには、目標を次々に与え続けてはなりません。与え続けると、子供は目標を達成したからといって、自信を持つことができません。目標やそのレベルの設定、そしてその達成努力の仕方は、あくまでも子供自身に任せた方が良いのです。親は助言する立場に徹して下さい。

ケース2.

原因は、青年期特有の正常な心理的葛藤だから、優しく見守ってあげればよいのです。

エリクソン（4）によれば、人は子供時代の終わり、つまり青年期には、すべてのアイデンティティの各構成要素が集合した最終的なまとまりを獲得しようとします。しかしこれはじつは通常は無意識のうちに心の中で行われる大変な大仕事なのです。青年期に見られる心理的葛藤という「症状」は一見、神経症や精神病の症状と類似していますが、そのような病気ではありません。それは正常な発達の危機なのです。それは自我の強さの表面的な動揺ですが、高い成長力を秘めた「葛藤」増大の状態なのです。神経症や精神病的傾向という危機は永続的な病的傾向とか、防衛（抑圧）機制の増大によるエネルギーの浪費の増加、そして深刻な心理的、社会的な孤立などによって定義されます。しかし正常な発達の危機を示す葛藤は可逆性に富み、通常は一過性で、将来前進していくための豊かなエネルギーを秘めています。このエネルギーは、新たな葛藤を呼び覚ましたりすることはありますが、新しい機会や仲間を求めさせ、自己の新たな発達を促進させるものなのです。

解決方法

親や教師は、子供が一人で、あるいは友達と遊んだり、何かを一緒にやろうと企てたりしていることを傍から暖かく見守ってあげて下さい。場合によっては、支援することも必要かもしれません。いずれにせよ、劣等感にさいなまれつつ、もがき苦しんでいる葛藤状態は、子供自身の力で克服させることが一番大切なことなのです。要するに、親や教師は子供に自由に考えさせ行動させることが大事です。無理やり方向付けたり、行動を束縛したり、いろいろとこまごまと世話をしたり手をかけないで下さい。子供が青年期に入ってからも、過干渉の対応をしている親がいますが、これは根本的に考えを改めて下さい。

ケース3.

原因は、防衛機制の1つの過剰補償にあるのかもしれません(17)。

防衛機制の1つである代償というのは、欲求が満たされない時に、代わりの形で、あるいは代わりのもので満足することを指します。これは極めて正常な、一般的な心理的メカニズムで、フラストレーションに対する安全弁です。しかしフラストレーションが非常に強く続いた場合、通常の代償行為では、欲求が満たされず、代わりのものを極端な形で追求しようとします。これを過剰補償といいます。特に愛情や社会的評価のような基本的な欲求が阻止されている時に、過剰補償は起こりやすいのです。たとえば、

・非常に強い劣等感を持った子供が、その補償として社会的出世や金銭の面で異常なほどの貪欲さを身につける

・社会的、道徳的な面で強い劣等感を持った問題児が極端に腕力を示して、威張りたがる

・愛情に餓えた子供が、その過剰補償として、極端に大食いになったり、金銭に執着したりする

通常、人はフラストレーションが起これば、つまり欲求を満たせない場合は、要求水準を下げますが、過剰補償によって生じた欲求は根強く固執され、現実に応じて要求水準を下げることが難しく、現実不適応のもとになります。性的倒錯など、異常にものごとに執着したり、ある種のことに異常に強い執着を示すような問題児の場合、この種の過剰補償が原因になっている場合が多いのです。

代償によって劣等感を緩和したり取り除くことができますが、過剰補償によって発生した劣等感は緩和することが非常に難しいものです。

解決方法

過剰補償が原因と予想される、異常にものごとに執着する子供の場合、親や教師は、現実に応じて要求水準を下げるように指導するしか方法はないでしょう。そのために効果的なやり方は、観察学習をさせることでしょう。さらには、考え方や価値観を変えることでしょう。しかし考え方や価値観を変えるためには、さまざまな経験（人間関係や勉強、仕事、などでの）を積ませ、多くの失敗と成功を体験させなければならないので、時間がかかります。

いずれにしましても、過剰補償が原因で強い劣等感を持った子供の場合、その劣等感を弱める、払しょくさせるのはなかなか難しいことです。だからこそ、親の愛着行動が不可欠なのです。

社会的に望ましい人間になって欲しい

子供に「人を見下す、威張る、劣等感が強い、見栄や虚栄心が強い、孤独感にさいなまれる、焦燥感が強い、ものごとにあまり感動・感激しない、感情に乏しい、人に対して思いやりがない」といった人間には、なって欲しくない。

子供が青年になって社会的に望ましい人間になれない原因は、まずは幼児期・児童期に社会性が十分身に付かなかったことにあります。しかし青年期に限定すると、アイデンティティが十分確立していないか、不適切なアイデンティティが形成されているからです。特に自己意識の確立に問題があります（4、30）。

自己意識は青年期からとくに強くなっていきます。青年はそれを通じて、自己の性格や能力を磨き高めたり、また反省し、さらに高めていきます。そうすることによって自己洞察力も高まり、将来に向かって積極的に突き進んだり、良好な人間関係も作り上げることができるのです。また、生活していく過程でさまざまな感情を体験していきます。たとえば、青年期の特徴である、優越感や劣等感、虚栄心、孤独感、焦燥感、感動・感激などを非常に強く、場合によっては極端なほどに感じていきます。

また、自分というものに強く関心を持ち、意識するようになるために、他者を強く意識し、自分と比較する傾向も強くなります。しかも、この時期の青年の要求（期待）水準は非現実的に高い、しかし現実の経験が乏しいために失敗に陥りやすい。これが、青年の自己評価を過度に低下させる原因です。ここに、劣等感や無力感が生まれる原因があります。とはいえ社会的経験が増加していくと、自己像がより現実的、多面的になり、劣等感や無力感は次第に解消していくようになります。

この期の子供はしばしば強い優越感や、過度の自信を示すことがありますが、これらは劣等感や無力感の反動、裏返しである場合が多いのです。

社会的に望ましい人間というのは健全な自己意識を持っています。この意識は社会的に望ましい対人関係能力を作り上げます。これは高い自立力を生むうえで不可欠なものです。しかも高い自立心と自立力を持って、さまざまなことにチャレンジして、自分なりに納得のいく結果を生んでいけば、社会的に望ましい人間になっていく可能性が極めて高いでしょう。

解決方法

親や教師は、子供のアイデンティティがよく発達できるように支援しなければなりません。基本は、子供が自ら適正なアイデンティティを発達させるために、危機克服力（問題解決能力）を高めることができるように支援することです。そのためには、さまざまな経験をするように支援するとか、経済的及び社会的な環境を整えたり、改善する必要があるかもしれません。危機克服力を強める方法については、後述の「**思春期（全般）行動『自分で自分が分からない（本当の自分らしさとは何か）、自分はどう生きていけばよいのか、自分が頼りない（自分に自信が持てない）ということにひどく悩む　ケース1．具体的方法　2．危機克服力の強化に基づく方法』**」を参考にして下さい。

いつまでも大人になれない

原因は、一言でいえば、これもアイデンティティの未発達（4、30）にあります。

青年がいつまでも大人になれないというのは、アイデンティティ拡散症候群（自分がどういう人間なのか、何をしたいのか、どうありたいのかがまったく分からない状態であるにも拘わらず、アイデンティティの確立に努力することを放棄している状態）、また自暴自棄になっていつまでもモラトリアム状態に居続けアイデンティティを確立しようとしない状態から抜け出せないことです。人が自己のアイデンティティを最も強く意識するのは、まさに自己像を確立しようとしている時です。しかしこの確立の危機を乗り越えようと苦しんでいる人もいる。アイデンティティ拡散状態から抜け出そうともがいている人です。

アイデンティティの確立が問題となってくるのは、とくに青年期後期（15歳頃〜20歳頃）です。モラトリアム状態を終える青年後期には、それまでに経験したさまざまなアイデンティティを最終的に取捨選択して、秩序付け、統合したアイデンティティの確立（社会的な自己定義）が社会的に成人として要求されるのです。

しかも青年期後期は、心理的離乳の時期でもあります。親からの独立とりわけ経済的独立が、青年期の発達課題です。そのために、一般に青年期に職業の選択と準備が必要となります。しかしこの職業選択では、経験の欠如による不適切な選択の危険が絶えず存在しています。

また青年がいつまでも大人になれない他の原因として、生活空間の拡大と、さまざまな価値観の存在の認識が十分できていないことが挙げられます。青年期に至って、初めて世界観（自分が生活している世界について持つ観念の体系）が形成されてきます。この世界観を通じて、青年は自己や自己を取り巻いている世界の中のさまざまな対象や出来事を認知し、意味づけ、価値判断をしていくのです。

この世界観は、幼児期からの発達を通して変化し、形成され、青年期の生活に一貫性を与え、そしてその人の生涯に大きな影響力を持っています。しかもこれは、幼児期からこれまで体験してきた文化や、拡大し続けてきた生活空間を整理・統合し、アイデンティティと、これからの生き方を明らかにしたいという青年期の欲求に根差すものなのです。

青年期になると、生活空間の拡大、抽象的論理的思考力の発達、自己の確立などを背景に、社会を１つの全体として捉え、そこにおける自己の位置づけを明確に意識するようになってきます。青年期の社会意識は、この時期の心理的特徴を反映して、進歩性、一面性、極端性という特徴を持ちながら、さらにこれが成人期の社会的行動を強く影響づけていきます。

いつまでも大人になり切れない子供というのは、エリクソンによれば、アイデンティティ拡散かモラトリアムの状態にあります。ということは、自分の考えることやすることに自信が持てず、いわば立ち往生している状態です。だから日々無為に生活を送ったり、引きこもって人と接触するのを避けようとします。これはかえってその子の対人関係能力や問題解決能力を低下させることになります。しかも、それらの低下がさらに青年が大人に成長していくのを妨げてしまいます。悪循環に陥ってしまいます。

解決方法

親や教師は、そういう青年に、アイデンティティ拡散症候群や、いつまでもモラトリアム段階に居続けている状態から抜け出させることが必要です。そのためには、とにかく親からの独立とりわけ経済的独立をさせることです。決して甘やかしてはなりません。ただしその場合、職業選択で何らかの指導や支援をする必要があるかもしれません。

親からの心理的離乳に失敗した青年はしばしば、親を恨んだり、世の中に背を向けて閉じこもりに入ったり、あるいは反社会的な行動に走ったり、という道を辿りがちです。

解決方法としては、加えて、前述の「**思春期前期（12歳～15歳位）行動「大人になり切れ**

ていない」ケース1」も参考にして下さい。

ネガティブな性格をポジティブに変えたい

子供には「態度や思考が柔軟さを欠き、否定的で、反抗的になり、破壊的となり、ニヒリズムともなる」といった人間になって欲しくない。

このようになってしまう原因もアイデンティティの未発達です。しかしこれは普通は自然と解決していきます。

アイデンティティが十分発達していない青年は基本的に理想主義的傾向が強く、甘え、不安、敵意などといった傾向が強すぎるのです（4、30）。しかも自分がこれまで親にどのように育てられ大きくなってきたのか（自分という人間は年齢が増加しても基本的にはあまり変わっていないのだ）ということがきちんと理解できていないのです。しかもそういう子はしばしばあらゆることに否定的、消極的（ネガティブ）になり、理想主義とは逆の虚無主義に陥ることがあります。この「否定する傾向」を、人生の無意味さや、人間不信、運命論的悲観説と結びつけてしまいます。

青年期は第二反抗期です。これは一個の独立した人格として確立しつつある自己が、環境（親や周囲の人たち、社会）と矛盾・対立をはらむことから起きてきます。反抗の対象は広く、親、教師、年長者から社会的権威、制度、社会や文化、政治の在り方にまで及びます。

青年期は、自己に対する否定的傾向が強いのですが、その基礎にある感情が自己嫌悪感なのです。しかしこれは、過去の自己を否定することによって、新たな自己の価値や世界を見出す契機として働きます。さらに青年が発達していくにつれ、今度は自己肯定的な傾向が強まり、青年期を終えていくのです。

また、青年期は反抗期だけに、成人の価値観やモノの考え方などからの逸脱や、対立する価値を追求しようともします。その反面、成人から積極的に支持される価値を実現しようとする行動も取ります。このような行動の典型が社会的支援、社会貢献といったボランティア活動です。矛盾しています。青年は、この矛盾を何とか調和させようともがき、統一的なアイデンティティを確立していきます。たとえば、奉仕活動を通じて、自分というものを真剣に見つめ、自己の独立性（自分は自分であって、固有な存在なのだ）を強く意識しつつ、社会に認められるような存在になることを求め、アイデンティティを形成していくのです。こうして青年期の特徴でもありますネガティブな生き方がポジティブなものに変わっていくのです。

子供がネガティブな性格かポジティブな性格かということは、その子の今後の心身の発達に非常に大きな影響を与えます。しかし青年期の性格は成人期に比べてしばしば変わりやすいものです。だから、性格がポジティブになってくると、対人関係能力も問題解決能力も強くなってきて、自立心も自立力も高まっていきます。また、自立心と自立力が強くなってくると、人間関係や問題解決で積極的になり挑戦意欲も強まり、性格もポジティブになってくるものです。

解決方法

親や教師には、前述の「**社会的に望ましい人間になって欲しい**」と同様の対応が求められます。つまり子供のアイデンティティがよく発達できるように支援しなければなりません。その基本は、子供が自ら適正なアイデンティティを発達させるために、危機克服力（問題解決能力）を高めることができるように支援することです。そのためには、さまざまな経験をするように支援するとか、経済的及び社会的な環境を整えたり、改善する必要があります。

若者には、社会に認められる価値を実現しようとする傾向が強く見られます。このような行動の典型が前述の通り社会的支援、社会貢献といったボランティア活動です。これは、青年期における理想主義的な価値の追求と、比較的緩やかな社会的拘束の受容に基礎を置いています。青年は家族や社会に貢献するさまざまな活動、たとえば奉仕活動を通じて、自分というものを真剣に見つめ、独立性を高め、アイデンティティを形成していくことができるのです。

社会適応上のトラブルが起こりやすい

原因は、青年期は児童期から成人期への過渡期として、社会に適切に適応していくうえでしばしばトラブルが起こりやすい、人生における危機的時期だからです。青年に社会適応上のトラブルが起こりやすいのは当然のことなのです。

実際、青年期は情緒不安定と否定的情緒の時期です。つまり社会経験とりわけ対人問題の解決経験の不足によって、人間関係における危機克服力（問題解決能力）が低いのです。

この期に起こる代表的な適応障害は、精神病や神経症といった精神病理的症状から、閉じこもり、家出、ヒッピー化、自殺、性の自由化、薬物依存などといった社会規範からの逸脱、さらには非行や犯罪にまで及びます。

このように多様な現象から明らかなように、反社会的行動や非社会的行動の発生の原因は、主として身体に現れる生物学的変化や、情緒や精神の未発達によるものから、社会的条件によるものに及びます。たとえば非行は、本来正常であった欲求が、不適切あるいはまた不満足な人間関係によって歪められ、社会的に受け入れられない状態となったものなのです。

エリクソンによれば、青年に求められるアイデンティティというのは部分的なものではなく、家庭や学校、友人関係、職場などで求められる役割ごとに作り上げられるアイデンティティが統合されたアイデンティティのことです（4、30）。アイデンティティがとりわけ問題となってくるのは、青年期後期（15歳頃～20歳頃）です。一般にモラトリアム状態を終える青年期後期には、それまでに形成したさまざまなアイデンティティを最終的に取捨選択して、秩序付け、統合したアイデンティティの確立が社会的に成人として、要求されてきます。青年はもう大人にならなければならないのです。しかしアイデンティティの確立の過程で障害がしばしば発生します。それはアイデンティティ拡散症候群（自分の生き方が全く分からない、模索しようともしない状態。つまり自分がどういう人間なのか、何をしたいのか、どうありたいのかがまったく分からない状態。また家庭や学校、職場などでどういう役割を果たすべきかを考えようともしない状態）であったり、いつまでもモラトリアム状態に居続けアイデンティティを確立しようとしない状態です。

そもそも青年期の発達課題であるアイデンティティの確立、そして拡散は価値観と人生観と深く結びついていて、青年は本質的に理想主義的であるから、社会適応上次のような3つの傾向が強く見られ、しかもその原因もある程度明らかになっています。

・しばしば態度や思考に柔軟さを欠き、社会に対して否定的で、破壊的となりニヒリズムとなる。

この原因は、自己の成長過程で、甘え、不安、敵意、などが強すぎるからです。

・青年はしばしばあらゆることに否定的になり、理想主義とは逆の虚無主義に陥ることがある。

この原因は、この「否定する傾向」を、人生の無意味さや、人間不信、運命論的悲観説と結びつけるからです。

・青年期に入ると、自己に強く関心を持ち、意識するようになる。他方、他者を強く意識し、自分と比較する傾向が強くなる。しかも、この時期の子供の要求（期待）は非現実的に高く、現実の経験は乏しいため、失敗に陥りやすい傾向が強い。

これが、青年の自己評価を過度に低下させます。ここに、劣等感や無力感が生まれる原因があります。しかし社会的経験が増加していき、自己像がより現実的、多面的になるにしたがって、劣等感や無力感は次第に解消していきます。つまり、この期の子供はしばしば強い優越感や、過度の自信を示すこともありますが、これらは劣等感や無力感の反動、裏返しでもあります。

青年期の人格発達上の代表的な特徴としては反抗、自閉的傾向、心理的離乳、情緒不安定と否定的情緒、生活空間の拡大と価値的世界への開眼、性的成熟の6つがあります（前述の『**いつまでも大人になれない**』も参考にして下さい）。

社会適応上のトラブルを起こしやすい子供は、アイデンティティの未発達のみならず、社会経験とりわけ対人問題の解決経験の不足によって、人間関係における危機克服力（問題解決能力）が低い。低い対人関係能力は、周囲の人たちとの人間関係を通じて、さまざまな問題を解決する機会を得られなく、そのすべ（スキル）を学習する機会を失います。つまり低い対人関係能力が自立力を弱め、結果として社会不適応な人間を作ってしまうのです。

解決方法

青年期に社会適応上のトラブルが起きやすい原因には、前述の通り、さまざまなものがあります。しかし、これらのトラブルは本来若者が自らの意志と努力で克服していかなければならないものなのです。もし親や教師がこの克服を支援するとすれば、社会に適切に適応させるうえでの青年期の教育指導の適正化でしょう。それは本質的に、青年自身の自覚を促進させるものでなければなりません。賞罰主義やしつけ、鍛錬主義ではなく、徹底的に自発的な自己洞察をさせるものでなければなりません。そのためには、アイデンティティの確立を志向させる自己洞察こそが必要です。

そのような自己洞察を高めるには、その青年個人の発達段階、生育環境、能力の3つ応じた、「問い」（課題）を与えて解決させていく必要があります。しかしこれは青年個々人に合わせた対応が求められるだけに、通常はなかなか難しいことです。だから、現に社会適応上大きなトラブルに遭遇している、あるいは起こしている青年に対して、強い自己改善・改革が求められます。この方法は青年に時間をかけて試行錯誤をさせるのが非常に良いかもしれません。しかしこの試行錯誤自体が人によってさまざまであって、必ずしも有効な経験とはなりません。そこで次の策としては、観察学習やモデリングが効果的でしょう。社会適応上の大きなトラブルに遭遇したが、それを乗り越え、その後社会に大きな貢献をした人とか、幸せな人生を送っている人などの、トラブル克服のやり方を模倣させる、あるいはそういう人をモデルに自分も生きていこうと意識を変えることです。

思考

問題解決能力を高めて欲しい。周りの人がするのを模倣するのではなく、自分で考え、創造的に解決して欲しい。それが自分や社会にとっての危機の克服に、さらには発展に繋がるの

だから

創造的な問題解決の能力が低い最大の原因は、そもそも創造力が低いからでしょう。

創造力というのは、新奇で、社会的に価値のある考えやモノを生み出す力のことで、成果に基づいて判断されるものです。創造力の発揮（創造的行為）の詳細な概念的プロセスをアマビール（Amabile,T.M.）が１９８３年に開発して以来、創造力研究が一段と活発になってきました(10)。

そもそも創造力ないしは創造性の測定はチャッセル（Chassell,L.M.,1916.）に始まると言われます。とくにギルフォード（Guilford,J.P.）が米国心理学会で創造性に関する重要な提言をして以来、創造力の形成要因の探求が盛んになりました。わが国でも基本的にギルフォードの研究成果を基礎に、たとえばＫＪ法やシネクティクス法などの新製品アイディア発想法が開発されています。しかし現在、とくに重要な創造力測定方法としては、ＡＣＬ法（Adjective Check List法：創造的な人間を特徴づけているであろう人格特性を簡潔な形容詞の形で把握しようとする方法で、現在のところガフ（Gough,H.G.,1979.）が開発したＣＰＳ法が最も測定の信頼度が高い）と、個人史アプローチ（創造的な人間一人ひとりの家庭環境や生い立ちから、学校や仕事生活などでの出来事といった客観的なことだけでなく、成長過程で身につけていった価値観や基本的な態度・行動様式、考え方などの主観的なことまでも、詳細に総合的に調べる、つまり個人の伝記的情報が創造的な科学的才能を識別するのに最も有効だとする立場）があります。

目下のところ、創造力を直接に必ず高められるという方法はないようです。しかし、創造力を行為の成果から判断するという立場からは、バンデューラの自己効力の強化方法（試行錯誤や代理学習、説得、情動喚起）を駆使して、創造的な成果を生み出させる指導を徹底的に行い、創造力発揮をモティベートする方法が考えられます。ただし一般的には、創造力の向上につながると考えられる環境作り（幼児・児童期のしつけや教育環境なども含め）はいろいろと提案されていますが、幼児の英才教育と同様に、その効果はよく分かりません。

現在、創造力の予測方法として、テイラー＆エリソン（Taylor,C.W.&R.L.Ellison,1978.）、ビューール（Buel,W.D.,1960.）、スミスら（Smith,W.J.et al.,1961.）などの測定スケールが定評があります[2、10、26]。すでに技術者や研究開発技術者、営業パーソンなどさまざまな職業人を対象に、創造力の測定スケールが開発されています[12]。こういった予測スケールの項目内容をベースにして、創造力を高める方法を開発することもできるようです。

創造的な問題解決の能力が低い子供というのは、親や周囲の人たちへの依存心が強いとか、対人関係や問題解決で自信がない・弱いといった傾向を持っています。問題を自分なりに独自に解決しようとする意欲は、自分の問題解決能力に自信がなければなりません。しかもそういう子供にとって、自分の創造的成果を周囲の人たちが認めようが認めまいが、自分が満足できればそれでいいのです。そうすると、そこには強い自己の形成が求められます。強い自己は強い自立心と自立力によって作られます。つまり強い自立心と自立力が創造的問題解決能力の強い子供を作るのです。またこの逆の関係も成り立ちます。

解決方法

たとえば学生や一般社会人の創造力を測定する28項目からなるスケールがあります。それをベースにして、とりわけ以下のような点を強めれば、子供の創造力を高める可能性があります。ただし、親のしつけのような過去の出来事や行為は含みません。

・独立心を強める
・何にでも夢中になり、それを自分が納得できるまでやっているのを温かく見守る、またそれを支援する
・やっていることに、親や教師は原則として干渉しない
・難しい、複雑な問題に挑戦したい、という気持ちを大事にする、あるいはそのような気持ちにさせる
・人や社会、ものごとに対して反抗的、否定的、攻撃的な性格を大事にする
・問題が起こったとき、それを自分一人で考え抜き解決しようとする気持ちを大切にする
・問題解決に必要と思われる情報やデータを迅速に整備したり支援する
・今の自分の努力の質や成績は、他の子供と比較しても優れている、努力すればこれからさら

に高い成績を上げることができると、強い自信を持たせる
・一度に1つのことだけでなく、同時に多くのことを考えさせる
・人間関係や金銭、政治、宗教などよりも、論理や美に価値を置かせる
・問題の解決の際に、論理に縛られることなく、感じやひらめきを大事にする
・非社交的で、自己中心的な性格を大切にする。子供が人から嫌われても親は一向に気にせず、ただ子供を支援する
・不平不満の多い、要求過多の性格を大事にする
・自分の感情や悩みを人前でもストレートに出させる
・先例や慣習、みんながそうするから、といったことに縛られないように指導する
・自由に考え、自由に行動できる状況を作ってやる
・絵画や彫刻などでバランスの取れた構図や形よりも、バランスの取れていない不均整・不調和な方を好むようであれば、それを大事にする

親や教師が子供の以上のような性格や行為などを大事にしたり支援すると、子供は社会適応性の低い子に育ってしまう危険性があります。その危険性を可能な限り縮小できるのは、親の愛着行動、そして楽しい信頼に満ちた家庭でしょう。

人格

人間としての発達上、前述のようにピアジェも主張していますが、青年期が最も重要だと言っても過言ではないでしょう。その重要性と、そこにおける最大の課題でありますアイデンティティの確立を解明したのがエリクソンです。彼の人間の発達に関する考え方を端的に言えば、人間の人格的発展というものは誕生から死に至る明確に区別され、あらかじめ決められた8つの段階を通過して形成されていくというものです（4、30）。各段階を問題なく乗り越えていければ、精神的に健全な人間へと成長していく。しかし、もしいずれかの段階をうまく乗り越えることができなければ、不健全な心（人に対する不信、ねたみ、攻撃心、過度の罪悪感、など）が生まれ、それが生涯付きまとうことになり、不幸な人生で終わることになります。ある発達段階で生じた、ある心理的葛藤を十分解決しないままに次の段階に入ってしまうと、その段階で発生する葛藤を乗り越えるのはさらに難しくなります。このような形で成人になってしまうと、その人間は、極めて不完全、不健全な人間になってしまうのです。

人格の多様性というのは各発達段階を、どのような環境の中で、どのような経験をどのようにしていくかによって作り上げられると彼は言います。

人格の発達において、エリクソンは青年期を非常に重視しています。この時期は、感覚、知性、感情のすべての領域で、急激な成熟が見られると同時に、自己を確立し始め、社会との本格的な接触が始まります。青年期は第二次性徴によって始まります。成人期への最後の、もっとも急激な心身の発達がなされる時期です。だから、この時期の経過の仕方が、その後の成人期に決定的な影響を与えます。性の目覚めはしばしば、青年を危機に陥れますが、その克服を通して、人間性を発展させ、強い統一した人格を作り上げる。青年期はこのように、健全な社会的人間としての成人になる基礎を完成する時期です。この期はまた第二伸長期とも呼ばれ、児童期に続く時期で、身体のバランスの上で体重よりも伸長（長さや力などが伸びること）の伸び率が上回る時期です。このことが、自己概念（後述）を変え自信をもたらすとともに、逆に身体的には、一過性の身体的不均衡感や不安、疲れやすさ、抵抗力の低下をもたらします。青年期を第二反抗期と呼ぶ原因は、この苛立ちや情動不安定のせいであることが多いのです。

　このような危機の中で、青年は、自分とは何か、自分はどう生きていけばよいのか、本当の自分らしさとは何か、と自問しながら、自分なりの答えを見出そうと努力する。こうして青年はアイデンティティの確立を目指すのです。

自分で自分が分からない（本当の自分らしさとは何か）、自分はどう生きていけばよいのか、自分が頼りない（自分に自信が持てない）ということにひどく悩む

　この問題を解決するために、３つのケースを取り上げます。それぞれ原因が違いますが、その中でもとりわけ重要なのは、エリクソンの主張に基づく解決方法を説明するケース１です。そこで、このケース１について詳しく説明します。

ちなみにアイデンティティの状態は自立心、自立力と極めて密接な関係にあります。相互作用関係といってもいいでしょう。アイデンティティが健全に発達している青年は対人関係能力も問題解決能力も高く、結果として自立心も自立力も強いのです。またそれらが強い青年はアイデンティティが健全に発達しているのです。しかし大半の青年がアイデンティティ未発達の状態にあります。しかしこれは人間の発達上当たり前のことなのです。

ケース1.

原因は、アイデンティティが十分確立していないことです。つまりアイデンティティの達成感が得られていないのです[4]。それを得るには、若者が自ら危機克服力を高めること、そしてそれには自信を強めることとストレス耐性の強化が必要なのです。

アイデンティティとは

アイデンティティというのは、性、役割（職業、職種、公式の立場など）、集団（仲間、クラス、学校、会社、家・家系、など）、人種・民族・国家、出身（地）などといった、何々に関するアイデンティティという風に用いられますが、一般に、アイデンティティとだけ言う場合は自己同一性を指します[30]。エリクソンによれば、自己同一性は４つの基準（自己の単一性、連続性、不変性、独自性の感覚）によって定義されますが、分かりやすく言えば、次のような自己意識の総体のことです（4、6、30）。

・自分は自分であり、これこそがほかならぬ自分であると、自覚できていること
・この自分でよいと思う自己肯定感と、これからもこの自分でやっていけるという自信があること
・この自分は周りから受け入れられているし、社会（家族あるいは仲間、学校、職場）にとっても価値のある人間であるという、自己の存在感や有能感が持てること
・この自分が好きだという健康な自己愛の感覚を持ち、自分らしさがあるという実感があること

だから、これらの感覚がネガティブな場合、アイデンティティに障害があると理解されます。特に「本当の自分が分からない」という場合は、同一性拡散の状態といわれます。

エリクソンによれば、アイデンティティの形成そのものは生涯続いていきますが、その基本的な確立は青年期に成し遂げられる心理社会的な課題なのです。人は青年期に入って初めて、アイデンティティの危機を経験し、それを克服しようともがきます（30）。

危機の最大の原因は、思春期に身体内部で必然的に発現する第二次性徴による、身体的変化と性衝動への気づきが、自己の身体イメージを不安定にし、自己の連続性や不変性の感覚を脅かし、自己イメージの混乱や動揺を引き起こす点です。つまり今の自分は以前の自分とは違う、自分で自分が分からない、自分が頼りない（自分に自信が持てない）といった危機感を生み出

すのです。

この危機の中で、青年は「自分とは何か、自分はどう生きていけばよいのか、本当の自分らしさとは何か」と自問しながら、自分なりの答えを見出そうと努力します。こうして青年はアイデンティティの確立を目指すのです。

アイデンティティ形成状態

アイデンティティ形成状態には次の４つのタイプがあります。マーシャ（Marcia,J.）らのアイデンティティ・ステイタス（identity status：同一性の状態）の分類によれば[30]、

・アイデンティティ確立志向型（アイデンティティ達成の状態）

危機を体験し、その葛藤の中で自分の可能性を模索し、自分なりの解決策を見出して、自分なりの生き方というものを主体的に選択・確立して、それに基づいて行動している状態

・アイデンティティ早発型（アイデンティティ早期完了の状態）

自分の生き方について、親や権威（人、組織・機関）の期待と目標をそのまま受け入れて、自分の生き方について迷うことなく、専心している状態

・アイデンティティ・フリー型（モラトリアム状態）

危機を体験している最中で、迷いながらも、自分が傾倒すべき対象を見つけ出そうと、もがいている状態

・アイデンティティ拡散型

危機を体験したかどうかに関係なく、傾倒すべき対象を全く持たず、自分の生き方が全く分からない状態。あるいはまた自分がどういう人間なのか、何をしたいのか、どうありたいのかがまったく分からない状態。さらにアイデンティティの確立をそもそも意識もしないし、求めようともしない状態（自分がどういう人間か・何のために生きているのかなんて考えたこともないし・そもそも考えようとしない、その日その日をただ漫然と生きている、その時々の感情に流されて生きている、何もする気が起こらずただ周囲に流されて生きている、といった状態）も含みます。

現在の若者の多くはアイデンティティ・フリー型かアイデンティティ拡散型でしょう。問題は、若者がこの状態からいかにして抜け出して、アイデンティティ達成の状態に到達できるかです。そのためには、若者はまず危機克服力（問題解決能力）を高める必要があります。そうすると、危機克服力を高めるうえで、自信と、ストレス耐性を高めることがとりわけ重要になってきます。

アイデンティティの主要な形成要因は、どういう仕事をしているか（職業選択）、男性と女性のどちらの役割を果たそうと意識しているのか（生物学的な意味ではなく、性的な構え）、両親との関係、他者との人間関係、知覚・思考・判断、運動などに関するさまざまな能力、価値観、自信（自己効力感のこと）、ストレスに耐える力（ストレス耐性）、イデオロギーもしくは宗教です。しかし、基本は、危機克服力（問題解決能力）です。アイデンティティがどのようにして形成されていくのかについて、エリクソンはそれが生物学的発達と社会的発達の相互作用（浸透）の中で形成されていくといいます。しかしここでは、新しいモデルを提起します（後述）。

解決方法

健全なアイデンティティの確立のためには、若者はアイデンティティの形成で自分が現在どのような状態にあるのかを自ら認識する必要があります。そして、もしアイデンティティ・フリー型かアイデンティティ拡散型にあれば、そこから抜け出すにはどうすべきかを考え、案出し、行動に移さなければなりません。その際、自分の価値観や希望・期待、スキルなど、さらには自分が今置かれている状況を考えに入れる必要があります。

しかしとりわけ重要な解決方法は、危機克服力を高めることです。そのためには、とりわけ親子関係、友人関係を良好にし、勉強や仕事での能力と自信（自己効力感）を高めることです。それには自らさまざまな体験をすることのみならず、他人の経験や知見や提言を参考にしたり、モデリング（観察学習）によって自ら学習することも大事です。

親や教師の側としては、まず子供（青年期）がアイデンティティ形成でどんな状態にあるのかを見極め、子供のアイデンティティ形成努力を必要に応じて、支援する必要があります。しかし子供の性格や能力を信じて、優しく見守るだけでよい場合もあるでしょう。ちなみに、子供のアイデンティティ形成状態を見極めるうえでは、次の点に注視する必要があります。

子供（青年期）のアイデンティティ状態を見極めるうえでのポイント

基本は、前述のアイデンティティの定義のところでも述べましたが、次の４つです。

・自分は自分であり、これこそがほかならぬ自分であると、自覚できていること
・この自分でよいと思う自己肯定感と、これからもこの自分でやっていけるという自信があること
・この自分は周りから受け入れられているし、社会にとっても価値のある人間であるという、自己の存在感や有能感が持てること
・この自分が好きだという健康な自己愛の感覚を持ち、自分らしさがあるという実感があること

しかしウィットボーンは、青年が今現在、どのようなアイデンティティ状態にあるのかは次の２つによって判断できるという(30)。

・潜在的な危機の事態を、本当に危機と認識しているかどうか
・それにどのように取り組み、そして解決できているかどうか

つまり、心理社会的な危機の事態（たとえば、人から嫌われないようにするにはどうすればよいのか、心から話し合える友人を得るにはどうすればよいのか、職業選択で自分に向いている、あるいは自分を生かせる職業とは何か、就活はどうすればよいのか、就職先はどこにすればよいのか、結婚相手は本当にこの人でよいのか、結婚後どういう家庭を作りたいか、大事な取引先との交渉で成功するにはどうすればよいのか、など）というのは、青年期にはいつも潜在的に存在しています。しかし、それを危機と捉えるかどうかで、個人はアイデンティティ形成において異なる道を歩むのです。

心理社会的な危機を克服できる人、できない人

まず、潜在的な危機の事態を本当に危機とみなす場合、普通モラトリアム状態になりますが、解決策を模索し、その危機を克服した時、人はアイデンティティ達成の状態になります。安心し、自分という人間を肯定でき、また自信が持て、これからの生活に意欲が湧いてきます。

他方、克服できない時は、人は3つの道に分かれてしまう。前記の通り、1つ目は、危機的状況を避け、ただ単に心理的な安定を求めて、安易な解決を求める場合（早期完了型）。2つ目は、危機の中で、悪戦苦闘している状態であれば、それはモラトリアムの状態のままです。3つめは、解決の努力を放棄し、もうかかわり合わないとか、成り行きに任せるといった状態であれば、アイデンティティ拡散状態です。

次に、潜在的な危機を危機と捉えない場合、そこには、2つの道（危機をそもそも否定する場合、潜在的な危機を危機として問題視しない・分からない場合）があります。まず、潜在的な危機を否定する人は、アイデンティティ早期完了状態の人です。親や権威から与えられた価値観や生き方を守っていくので、そもそも潜在的な危機を危機として認めない、場合によってはそもそもそれが認識できないのです。

他方、潜在的な危機を危機として問題視しない・分からない場合、そこでは、また2つの道に分かれる。先ず1つ目は、すでにアイデンティティ達成状態にあるので、他の人には危機かもしれないが、自分にとってはそもそも危機でも何でもないという状態です。2つ目は、潜在的な危機に対して無関心を装ったりして解決から逃げてしまったり、そもそも危機が分かっていないというアイデンティティ拡散状態です。

アイデンティティの形成プロセス

以上に基づいてアイデンティティの形成プロセスをまとめると、次頁の図表4のようになります。

青年は、家庭や勉強、仕事といったさまざまな領域でさまざまな問題（出来事）に遭遇し、それを解決（克服）しつつ、アイデンティティ状態を形成していくのです。本来はすべての領

図表４　アイデンティティの形成プロセス

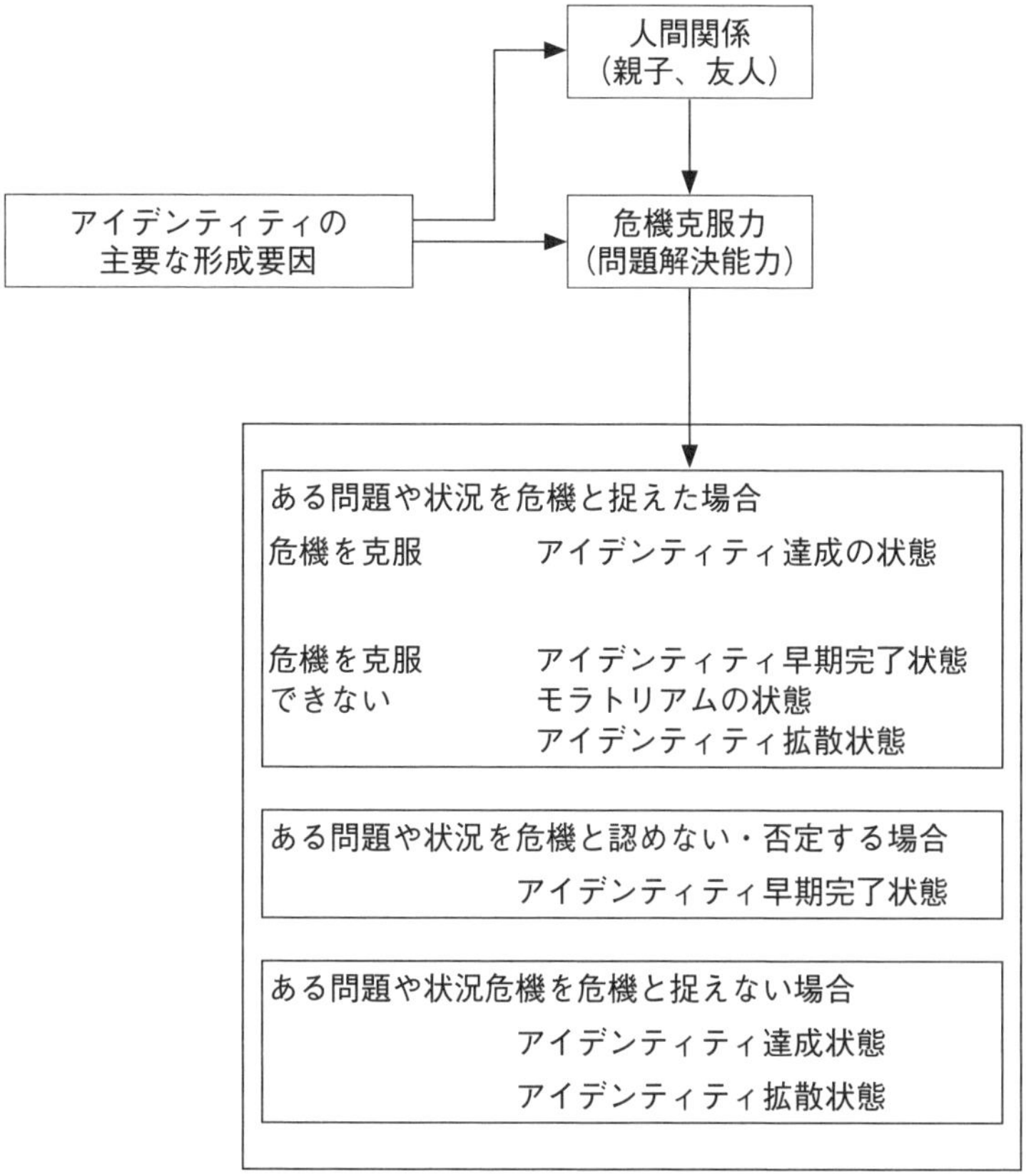

域で、最終的に達成状態に到達するのが望ましいのですが、それは通常困難です。だから、すべての領域で達成状態に至らなくても、ほどほどの達成感と自己肯定感を持って、全体として安定したアイデンティティ状態にあれば、問題はないのです。

健全なアイデンティティの具体的な形成方法

以下、健全なアイデンティティの具体的な形成方法について、アイデンティティの定義に基づく一般的な方法と、危機克服力の強化に基づく方法を説明します。

具体的方法1．アイデンティティの定義に基づく一般的な方法

健全なアイデンティティを形成するには、以下の4つのポイントを実現することです。ただしそれらに関する具体策は、部分的に重複しているところがあります（4、30）。

解決方法

1．自分は自分であり、これこそがほかならぬ自分であると、自覚させること

たとえば、

・決して子供（青年期）のしていることや考えていること、癖や習慣を否定したり馬鹿にしたり、一方的に変えようとしないで下さい。たとえ親が納得できないことであっても、それを認め受け入れることが大切です。

・今の子供そのものを認め受け入れ、それが今の自分なのだと、子供にも理解させて下さい。
・子供のどんな面も、決して他の子供たちと比較しないで下さい。

2．この自分でよいと思う自己肯定感と、これからもこの自分でやっていけるという自信を持たせること

たとえば、

・子供の自己肯定感を強めるには、まず子がどんなことやモノに強い興味・関心を持っているのか探って下さい。もし明確に持っていないようであれば、親の方が働きかけて、それを作って下さい。そしてその子の興味・関心をさらに強めて下さい。しかし親は子供の考えや行動、さらには生活スタイルに深く関与しないで下さい。子供が求める限りは、できる限りの支援をして下さい。しかし一般的には、子供の自由を束縛しないことが大事です。
・また子供の自己肯定感を強めるには、その子の強み・弱みを子供自身にきちんと自覚させて下さい。そしてその強みを重視して、それをさらに強めるように、出来る限りの支援をして下さい。たとえば、子供がファッションや漫画製作に強い興味があれば、たとえ親は勉強の方が大事だと思っていても、支持を明確に表明し、子供がそれに使う時間や金銭、外出などについても支援して下さい。
・子供に、自分がしていることや考えていることに自信を持たせて下さい。自信を持たせるうえで特に重要なことは「自分にはできる」という自覚を持たせることです。もしその自覚が

弱いとか、十分持てないようであれば、その子がやりたいこと、自信を持ちたいことを、易しい段階から一歩一歩クリアさせて下さい。最初から難しいことをさせて挫折させると、その子は全く自信を失い、無力感を感じたり、興味も失ってしまいます。

その際大切なことは、自信を持っている子とか、できる子と決して比較しないことです。子供はそれぞれ発達段階も違うし、発達のスピードも違います。さらに性格も、持っている能力も違います。

3．子供自身がこの自分は周りから受け入れられているし、価値のある人間（家族や友達の中で、学校でも大事にされているとか、大切な役割を担っている）であるという、自分の存在感や有能感が持てること

たとえば、

・自分が家族のみんなから認められ受け入れられていると感じさせて下さい。そのためには、子供の意見や考えをよく聞き、良い意見であれば、それを受け入れ、もし受け入れられない場合は、その理由を子供が納得できるまで説明して下さい。その子が言ったことや行ったことを他の子供と比較し「……ちゃんはもっとよくできたとか、早くできる」とか、ネガティブな評価はしないで下さい。その子は非常に傷つきます。言うまでもなく、他の子供たちの前では、きつく叱ったり、馬鹿にしたり、軽視・無視は絶対にしないで下さい。

・たとえば学校でみんなと楽しく勉強や課外活動をしているかとか子供から直接話を聞いたり

して、子供の日常の行動を見守って下さい。子供一人では解決できないような何か問題を抱えているようなら、子供と一緒に、その問題の解決に取り組んで下さい。これは親として必要な愛着行動です。だからこのような問題解決の際の大前提は、とにかく子供の自主性を重んじ、子供を信頼することです。

・アルバイト先や職場でみんなと楽しくやっていけるように、親として傍から子供を暖かく見守ると同時に、自主性を大事にしつつも、必要に応じて支援して下さい。たとえば食事や通勤などで不満や苦痛があるようなら、できるだけ取り除いてあげて下さい。

・子供が自分の能力や性格、容姿に不満や不安を持っているようであれば、決して他人と比較せずに、その子の良いところや優れた点を指摘し、子供にそれを納得させ、自信を持つように方向付けて下さい。そのさい大事なことは、子供が価値を置いていることやモノ、また真剣にやってみたい、なりたいといった希望に向かって少しでも前に進めるように、支援することです。子供が一生懸命に取り組んでいる、取り組もうとしていることが、たとえ親や周囲の人たちの目から見てあまり価値があるように思えないことであっても、また社会的に高く評価されるかどうかは、どうでも良いことなのです。

4．この自分が好きだという健康な自己愛の感覚を持ち、自分らしさがあるという実感があること

たとえば、

・その子だから持っていると思うような、興味や目標、何か良いところを探し出し、それを子供にも気づかせて下さい。そしてそれが高まっていけば、心から喜び、口に出して、態度や行動でその喜びを表し、褒めてあげて下さい。子供がそれにより一層自信を感じるようにして下さい。優しさや気遣い、粘り強さ、慎重、決断力などの性格面、勉強や運動で優れた点、味覚や聴覚などの優れた特性などで。そうすれば、子供は自分が好きになり、また自分らしさにも気づいてきます。

具体的方法2．危機克服力の強化に基づく方法

危機克服力（問題解決能力）を高めるうえで、とりわけ重要なことは自信を強めることと、ストレス耐性を強めることでしょう。将来の危機や問題を克服・解決して行くうえで重要なものは、すでに持っているスキルでもなく、これから獲得するであろうスキルでもなく、「自分ならできる、やれるだろう」という強い気持ち、つまり自信です。将来の危機や問題に現有のスキルが役に立つという保証は何もありません。

また同じ問題や事態が起こっても、それに強くストレスを感じる人もいれば、そうでない人もいます。実はこのストレス知覚に関しても、自信が強く作用します。ここでは精神分析でよく問題にされる強迫神経症も含む神経症的な人ではなく、普通の人を想定します。

1．自信を強める

我々が普通使っている自信という言葉は、正確には自己効力と言います。これはバンデューラ（Bandura,A.：現代の社会学習理論の父と呼ばれる）が１９７７年に開発した概念で「自分は、良い結果（成績、成果）に繋がる（生む）行動を取る（行う）ことができる、あるいは能力があるという強い気持ちないしは信念」のことです(9)。つまり自己効力というのは、自分がすでに持っている知識やスキルそのものではなく、それを用いて自分には何がどの程度できるのかという自分自身の判断（力）のことなのです。これには次の２つがあります。

・一般的自己効力

何かを行うとか、やり遂げようとする状況で、一般的にいって、自分がそのためのコンピテンス（実際にそれをやれる能力と、やろうとするモティベーション）をどの程度持っているだろうかについて自覚している状態（強い気持ちをどのくらい持っているのか）を指します。

・特定自己効力

ある特定の能力が必要とされる状況で、自分がそれをどの程度達成（解決）できると自覚しているのか（強い気持ちを持っているのか）を指します。

この自己効力（感）を強める（高める）には、次の４つの源泉があります。

・行動遂行（試行錯誤あるいは成功失敗体験）

実際に自分でやってみて、成功や失敗を直接体験してみること

・観察学習（代理学習、代理経験）

人が成功している、失敗しているのを観察することによって、それを学習すること

・言語的説得

信頼している人や高い評価を置いている人からの「君ならできる」という言葉で、自分は成功できると確信すること

・情動喚起（情緒的または生理的な快感・不快感の知覚）

何かをやり遂げたり、良い結果を出したことで人は達成感や満足感、高揚感などを感じます。そこでそういう気持ちを再度得たいために、ものごとに挑戦しようとします。

解決方法

青年期の危機克服力（問題解決能力）を高めるうえで、親や教師が子供の自信を強める具体的な方法としては、

パーソナリティ局面

・多くの子供や大人と交わり、さまざまな体験を積ませる

・人の話や意見をよく聞き、その場の雰囲気や状況などにも気を配らせる。これは対人関係能力を高める

・コミュニケーション力の優れた子供や人の話し方や応対方法を学ばせる。これはコミュニケーション力を高める
・いつも自分を他人と比べるのではなく、自分はこれで良いのだと思わせる。これは劣等感を持たせないようにする
・人から褒められたり注目されたら、素直に喜ぶように指導する。素直に喜ぶと、相手も喜んだり、好意を持って、さらに多くの情報を提供してくれるようになる。結果、情報獲得力を高めることに通じる。またそのように感情表現力を豊かにすると、相手に安心感も与えることになる

態度局面

・成功しても偶然だとか運がよかったと思うのではなく、それは自分の努力の結果なのだと思わせる。そのためには、冷静に自己分析と評価をさせる
・しなければならないことは、とにかく迅速に能率よくやってしまうことが大事だと思うようにする。ただしその際、完璧を求めないようにさせる
・何でもよいから、成功体験を積ませる。この経験が「やってみよう」という積極的な問題解決の意欲につながる
・他人の成功体験を学ばせる。成功するうえで、人が問題にどういう姿勢で臨み、どう取り組んだかを学ばせる

・成功している人と自分を比べないようにさせる。自分の欠点や短所ばかりに目を向けたり、劣等感を持たないようにさせる
・問題を解決するように、とにかく励ます。問題解決に積極的に取り組む姿勢を作るように応援する

行動局面

・とにかく最初の第一歩を踏み出させて下さい
・何にでもがむしゃらに挑戦させる、出来れば挑戦し続けさせて下さい。失敗を恐れずにチャレンジさせて経験を積ませて下さい。たとえうまくいかなくても、叱ったり、馬鹿にしたりは決してしないで下さい
・何でもよいので、とにかく達成感、成功感を感じられることであれば、それをさせて下さい。必要なら支援して下さい
・できないことやしたくないこと、興味のないことには、たとえ親や友達、教師から求められたとしても、勇気を持って直ちに断るようにさせて下さい
・自分の強みを見出し、一層強めるように励まして下さい
・人の良い面や優れた点は素直に認めるようになるように指導して下さい
・たとえどんな欠点があろうとも、今の自分を好きになるように指導して下さい
・自分のことや自分の家族、持ち物の自慢話をしない、出来るだけ他人を批判したり否定しな

いように指導して下さい

・他人と意見の対立や食い違いがあるのは当たり前、自分を好きな人もいれば嫌いな人もいるのが現実だと、強く思うように指導して下さい。弱い人間ほど、人の目や噂を気にしすぎるし、周囲の人たちに同調して周りに流され、自分という人間を見失ってしまう

・他人からの批判や否定、ねたみ、告げ口、悪い噂を恐れずに、主張するように指導して下さい。これが強い人間を作ります

・やってみたいことや、出来ると思うことは積極的にやるように、動機付けたり励まして下さい

・自分ができるかどうか不安な問題は、それをうまくやっている人の真似をしてでも、とにかく解決させて下さい。解決の努力を続けさせて下さい。そして、とにかく達成感を感じさせて下さい

・ミスをしたら「誰でもミスをするものだ」、「誰でも失敗を重ねて成功や成長していくものだ」ということを体験させて下さい。また納得するまで説得して下さい

・ミスや失敗は自分を伸ばすチャンスなのだと強く教えて下さい。できれば信念になるようにして下さい

・ネガティブな口癖や態度、ものの考え方（俺は何をやってもうまくいかない、……君は家が金持ちだからとか頭がいいからいいよなー、そんな難しいことは俺にはわかんないよ、な

ど）をする傾向があれば、どんなときにもそれは決してしないように指導して下さい。そういう傾向が、問題解決ができない子供にしてしまいます

・どうしても今の自分には分からない、出来ないと思ったら、「分かりません、出来ません」とはっきり大きな声で返事をするように指導して下さい

・やれること、しなければならないことは先延ばしさせず、すぐにやらせて下さい

・新しい問題や難しい問題を解決しなければならない時は、気持ちや時間に余裕を持って慎重にじっくり取り組むように指導して下さい

・問題解決の際は必要不可欠なことだけに集中し、無駄なことはしないようにさせて下さい。勉強ができない、仕事ができないといった人には、無駄が多いし、またあえて忙しそうに見せるとか、意図的に頑張りすぎるといった傾向があります

・問題がうまく解決できない時でも、弁解や愚痴を言わないようにさせて、その原因は自分の努力不足や判断の甘さにあると強く思うように指導して下さい。勉強や仕事ができない人ほど、愚痴が多い、弁解が多い、周囲の人の目を気にしすぎるのです

2．ストレス耐性を強める

ストレス耐性を強めるには現在2つの方法が考えられます。1つは、ストレスをできるだけ知覚しないようにする方法と、2つ目は根本的にストレスに強い人間に作り変える方法です。

詳細については、前述「行動　**ストレスに強い人間に育って欲しい。子供が強いストレスを感じていて、自暴自棄に陥っているようだ。なんとかしてやりたい　ケース1.**」をご覧ください。

最後に、危機克服力（問題解決能力）が弱い子供には、対人関係能力と問題解決能力の自信を強めることと、ストレス耐性を強めることが不可欠です。これはまさに、自立心と自立力を高めることに他なりません。

ケース2.

原因は、アイデンティティ拡散の状態を克服できないからです。つまり自分を現実的に定義できず（自分という人間はどういう人間なのか、何をしたいのか、何ができるのか、どんな人間になりたいのかといったことが分からない・考えようともしない）、また社会的に認められていないと思うことにあります。

エリクソンによれば[4]、青年期の終わりには自分なりに、すべての役割アイデンティティのまとまりを獲得していく（作り上げていく）ものです。その過程で、さまざまな症状（不安、苛立ち、怒り、ノイローゼ、など）があらわれます。しかし、それらは神経症や精神病の症状と類似していますが、病気ではありません。むしろそれは正常な発達の危機なのです。つまり自我が表面に強く表れ、かつ動揺しているのです。心理的な葛藤が高まっているという正常発達の段階です。神経症や精神病というのは永続性を持った病的傾向で、防衛機制の増大、そして深刻な心理的・社会的な孤立化を招きますが、正常発達の危機というのは、それらに対してもっと可逆性があり、しばしば一過性で、強いポジティブなエネルギーを生むのです。そのエネルギーは、眠っていた葛藤を呼び起こしたり、新たな葛藤を生んだりしますが、その一方、新しい機会を探求させ、仲間と楽しく遊んだり活動させ、新たな自我と自己を作り上げていきます。このような正常発達の危機がアイデンティティ形成に大きく貢献します。青年期にしばしば見られるアイデンティティ拡散という発達危機も乗り越えられていくのです。

正確に言えば、このアイデンティティ拡散は、現実的な自己定義と社会的是認の経験によって乗り切ることができます。

危機克服力（問題解決能力）の弱さの原因がアイデンティティ拡散の状態を克服できないことによるという子供の場合、とりわけ対人関係能力を高めることが大事でしょう。これが自立力を高め、その弱さを克服させることでしょう。

解決方法

アイデンティティ拡散の状態を克服するのは青年本人にしかできません。しかし親や教師はその支援はすることができるでしょう。たとえば、

・子供が、自分はどんな人間なのかを模索し確立しようとしているのを、自由な時間と場所を与える、あるいは逆に何か役割や目標を与えるといった形で、さまざまな経験を積ませるという支援をすることができます。そして子供の活動の過程と結果を認識し、認め、高く評価し褒めることです。

・子供が自立した社会的存在であることを認め、またそうなるように激励し、支援します。たとえば、家庭や学校あるいは職場での子供の存在や役割を認め、評価し、また子供の友人関係を認め、その関係の発達を支援します。

ケース３.

原因は、強い人格形成がまだ途中なのか、上手く出来上がっていないのです。

ピアジェ（１９６４）によれば（3、6、21）、青年期に人格が完成されます。強い人格を持っているというのは、性格がきついとか強いということではなく、その人が理想を体現していたり、自己の全意志や全活動によって、１つの立場を守り抜いていたりする時に現れます。人格とは、社会で生きていく上で何らかの規律や目的に対して自我（自分が行う活動そのものの中心であって、自己中心性（たとえば利己主義）によって特徴づけられる部分）を実現させているその人固有のやり方（生き方）を現します。だから人格というのは具体的には、その人固有の欲求や願望、価値観、考え方、関心、性格、癖・習慣から成ります。

通常、人格は、その人が社会の中で演じている役割（たとえば、家族の中で長男、友達の間ではリーダー、学校ではクラス委員、アルバイト先や職場では「明るく活動的な人間」だと見られている自分）に密接に結び付いています。この結びつきは、本来自律的でなければなりません。そうでなければ、人格自体が揺らぎ、安定を失ってしまいます。そうすると、社会から期待されている役割をきちんと果たすことができなくなります。人格が自立しているということは、アノミー（外部からの規律や拘束に縛られない、無視している状態、つまり自我だけで生きている状態）に対立すると同時に、他律性（外部から課せられる規律や拘束に縛られている状態、従っている状態）にも対立しています。人格が役割遂行と密接に結びついていることから当然ですが、人格というものは、その役割によって生み出される社会関係や、維持される社会関係に、密接に結びついています。

だから、人格は、児童期の終わり頃（8～12歳頃）から、社会（主に家族や仲間、学校）から求められる規則や価値を自律的に受け入れ、生きていく上での基準としていくとともに、本格的に形成されていきます。人によって人格はそれぞれ異なりますが、ピアジェによれば、人格の違いは青年期の形式的思考と、思考・行為の反省の違いによるものなのです。ちなみに形式的思考というのは11、12歳以降に見られます。子供はこの時期に入ると、存在していない、発生していないものごとや事態を論理的に考え課題を解決したり、ものごとを表面的に見て理解しようとするのではなく論理的に見て、また論理的に見直して、理解することができます。

つまり、先ずいろいろな仮説を立ててみて、それらの仮説が現実の事柄に合うかどうかを体系的に検討する「仮説－検証の方法」をすることができる。そのため、仮説をいったん受け入れると、そこから論理的に導き出された結論は、たとえ現実の事実に矛盾していても、真理だとみなす「仮説演繹的思考」も出現します。これを形式的思考と言います。

人格が、自我と、自由な思考と反省に基づいて形成されるとすれば、人格と自我の間で矛盾、動揺、つまり不均衡が生じてきます。青年の自己中心的行動は、人格がまだ未発達だという証拠でもあります。幼児は、模倣する大人や年長児に劣等感を感じつつ、知らず知らずのうちに、自己中心的に考え行動します。こうして、幼児は、大人の世界の元で自分を作り上げていきます。しかし青年は、形成されつつある人格のせいで、年長者と平等に自分を置くが、さらに、彼らを超えようとし、世界を変えつつ、彼らを驚かそうとします。だからこそ青年の思考や生き方が、非常に自己中心的だったり空想的であったりする半面、他人や社会のために何か尽くしたいという利他的な面も持ち、不安定な状態になるのです。つまり精神的に不安定な状態です。フランスのある教師が行った、15歳の生徒が昨晩見た夢についての無記名の調査によれば、最も小心で一番真面目な男子の中に、フランスの大統領や将軍、偉人になる夢を見ていた子がいた。彼らが起きて普通に生活している時に、そんなことを言えば、誇大妄想狂か偏執狂かと疑われます。また青年たちの日記を読むと、人類への献身と、強い自己中心性の混合が常に見られます。

解決方法

　青年期は人間が児童期から成人期に発達していくうえで、必ず通らなければならない、人格発達上非常に困難、しかし大事な時期です。この時期をうまく乗り越えることができない青年は、不登校や引きこもり、犯罪などに係わる場合が多いのです。青年は、自己中心性を押さえ、社会（家族や学校、職場、地域社会、など）の中で自分に課された、あるいはやらなければならないと思う役割をきちんと遂行すると同時に、社会の価値観とルール、倫理観を身につけなければ、自己の人格を作り上げることはできないのです。

　基本的な解決策は、青年本人の自覚と自主的な行動を待たねばなりません。そのきっかけを得るためには、青年は、さまざまな人との出会い、そしていろいろな人との交わり、そしてさまざまなものごとについての知識・認識の獲得が不可欠です。つまり対人関係能力と自立力の向上が求められているのです。ただ、親や教師、周囲の人は、そのモデルとなるか、あるいはモデルを提示することはできるでしょう。

行動

まじめ生活をしようとか、きちんと生きていこうといった傾向が見られない

　原因は、モラトリアムの状態に陥っているか、勤勉さのアイデンティティの拡散の状態にあります。

遊びや何かに夢中になると、しなければならないこと（仕事や勉強）を忘れたり、やろうとしない、あるいはまったく無為怠惰に生活を送るといった、生活様式の秩序が崩壊している若者がいます。青年期というのは、エリクソンによれば、アイデンティティの獲得の時期です[4、30]。この時期になると、学校や職場などの社会環境に適応していくうえで必要な能力、適性、技術などを身につけ始め、また不安や恐怖を和らげたり回避するための対人関係能力や技術などを獲得・保持するようになっていきます。これらの能力、適性、技術などが青年に危機を克服させ、健全なアイデンティティをもたらすのです。しかしまたこの時期は、子供から大人へ移行するために、そのどちらにも属さない不安定さが起こり、自己の社会的な役割（家庭での役割や仲間内での役割、職場での役割、など）に混乱や衝突が起こる場合があります。つまり自我の再構成という課題に直面するわけです。社会から期待されているさまざまな役割を果たせないことから生じる無力感、疎外感、不安を味わいます。アイデンティティの獲得に失敗したり、役割の混乱・衝突を克服できなければ、アイデンティティ拡散に陥ります。

物質的に豊かな、少子化の進んだ現代社会ではしばしば、青年は生きる目標や自己の役割などを見出せずに、自分の人生の選択に対するモラトリアム（執行猶予）期間に陥り、アイデンティティの危機に見舞われる可能性が高くなります。じつは、ここに人格形成上の障害が発生してくるのです。アイデンティティというのは、前述の通り、自己の単一性、連続性、不変性、独自性の感覚によって定義されますが、分かりやすく言えば、次のような自己意識の総体です。

・自分は自分であり、これこそがほかならぬ自分であると、自覚できていること
・この自分でよいと思う自己肯定感と、これからもこの自分でやっていけるという自信があること
・この自分は周りから受け入れられているし、社会にとっても価値のある人間であるという、自己の存在感や有能感が持てること
・この自分が好きだという健康な自己愛の感覚を持ち、自分らしさがあるという実感があること

これらの感覚もしくは意識がネガティブな場合、アイデンティティに障害があると理解されます。「本当の自分が分からない」という場合は、アイデンティティ拡散の状態といわれます。

とりわけ、勤勉さのアイデンティティが拡散していれば、まじめ生活をしようとか、きちんと生きていこうという気持ちも生まれてきません。もちろんモラトリアムの状態に陥っている時は、職業選択を初め人生におけるさまざまな危機に遭遇し、自分がこれからどう生きていくべきかを模索している最中で、迷いながらも、自分が傾倒すべき対象を見つけ出そうともがいている状態だけに、青年によっては真面目に働こうとしないものも出てきます。

子供に、まじめ生活をしようとか、きちんと生きていこうといった傾向が見られない原因が、モラトリアムの状態に陥っているということであれば、その状態から早く抜け出させることです。モラトリアム状態に居続けるほど、自立心が弱くなっていきます。もちろん、自分が何を

したらよいのかが分からないので、問題解決能力も高めることはできません。

解決方法

子供が真面目に働こうとしない、勉強しようとしない場合、そもそもその子はそうすることに、自分のアイデンティティを見出せない、確立できていないのです。それは次の２つの状態です。しかもしばしば子供自身が、そういう自分を認識していない場合もあります。

・アイデンティティ・フリー状態（モラトリアム状態）

アイデンティティの確立を模索している最中で、迷いながらも、自分が傾倒すべき仕事あるいは役割を見つけ出そうと、もがいている状態

・アイデンティティ拡散状態

アイデンティティの確立を模索しているかどうかに関係なく、傾倒すべき仕事あるいは役割を全く持たず、あるいはまたたとえ役割を持っていたとしても自分の生き方が全く分からない状態。この状態には、アイデンティティの確立をそもそもしようとしない、それどころか、それ自体に気が付かない、分かっていない、だからその日暮らしをしている状態とか、夢や希望、目的もなくその場その場をただ楽しんでいるとか無為に生きているといった刹那主義で生活している状態も含みます。

働く意志のない若者の多くは、仕事に関してアイデンティティ・フリー型かアイデンティティ

ティ拡散型ですが、問題は、若者をこの状態からいかにして抜け出させて、どのようにしてアイデンティティ達成の状態に到達させるかです。そのためには若者は働かないということから生まれるさまざまな危機（経済的あるいは社会心理的、自己の心理的な）を克服していくためには、真剣に働かなければならないことを自ら知る必要がありますし、教える必要があります。そうすると、働く際に起こるであろう職場の人間関係や仕事を処理したり、仕事上のさまざまな問題を解決する能力を高めることの必要性を知ることになります。そのためには、自信、ストレス耐性などを高めることがとりわけ重要になってきます（10、11）。

仕事アイデンティティの主要な形成要因は一般的には職業選択、上司や同僚との人間関係、仕事遂行能力、仕事価値観、自信、仕事ストレス耐性などです。しかし基本は、仕事上の危機克服力（問題解決能力）の向上ですから、自信を強めることが最も重要です。つまり若者が働こうという意志を強めるのは、「自分もその仕事ならできる」という自信を持つことがまず基本なのです。そのためには親や教師は、仕事に関する教育訓練のみならず、仕事能力の基礎を身につけさせることが必要になります。子供自身がアルバイトや一定期間のインターンシップなどでさまざまな仕事経験を身につけることも役に立つでしょう。ただし、アルバイトで覚えた仕事スキルは単純で決まりきった手続きの性質のものが多いだけに他の仕事にはあまり役に立たないでしょう。また短期間のインターンシップは仕事スキルを身につけるうえではほとんど意味がないでしょう。

いずれにせよ、厄介な問題は、仕事で挫折して、働く意志がなくなったという若者の場合です。この場合は、挫折の原因を明確にして、それを乗り越えさせなければなりません。しかしこの挫折が仕事アイデンティティを、さらにはセルフ・アイデンティティを打ち砕いてしまっている場合は、その再構築に時間がかかるでしょう。

問題行動を起こしたり、異常な心理状態が見られる

つまり「慢性的起床困難、奇妙な服装や化粧、言動の男女の性役割の転倒、思春期の痩せ症・拒食症・過食症、暴走族などの反社会的勢力に入って社会秩序を乱す、定職にも就かず社会・政治批判や攻撃ばかりしている」といった人間になって欲しくない。

これらの問題についてはすでに前記「思春期前期　行動『**社会的に望ましくない行動**（**非行などの反社会的行動や、引きこもり・不登校などの非社会的行動**）**や、問題視されるような行動はして欲しくない**』」でも触れていますが、ここでは思春期全般の傾向として検討します。

この問題の解決では、6つのケースを検討し、6つの解決策を提案します。

ケース1．

原因は、アイデンティティの拡散（多様なアイデンティティが矛盾・対立している状態）あるいはモラトリアム状態に陥っているからです（4）。

「本当の自分が分からない」というアイデンティティの拡散やモラトリアムの状態といわれる時期は、青年は情緒不安定と否定的情緒の時期でもあります。つまり社会経験とりわけ対人問題の解決経験の不足によって、危機克服力あるいはまた問題解決能力が低いからです。

この期に起こる代表的な適応障害は精神病や神経症といった精神病理的症状から、引きこもり、家出、ヒッピー化、自殺、性の自由化、薬物依存などの社会規範からの逸脱、さらには非行や犯罪にまで及びます。

このように多様な現象から明らかなように、反社会的行動や非社会的行動の発生の原因は、主として身体機能の急激な発達によるものから、社会状況（家庭、学校、友達、職場）によるものに及びます。たとえば、非行は、本来正常であった欲求が不適切あるいはまた不満足な人間関係によって歪められ、社会的に受け入れられない状態となったものです。

エリクソンによれば、人は青年期に入って初めて、アイデンティティの危機を経験し、それを克服しようともがきます。これは青年期の特徴でもありますが、多くの若者が自己中心的で、相手の立場に立って物事を見たり考えたりすることが十分にできないし、状況の変化に応じて適切な行動を取ることができないからです。

この原因は、健全なアイデンティティがまだ確立していないからです。エリクソンによれば、アイデンティティ拡散の状態あるだけでなく、まだモラトリアムの時期を脱却していないからです。青年（13～18歳未満あるいは20歳頃まで）は、この時期に社会の中で自分の居場所、適所を探し求めて、いろいろな役割を試行していきますが、なかなか見つけられない、不安定な時期なのです。ある者は理想主義に走ったり、現実にのめりこんだり、非行に走ったり、目的もなくぶらぶらしたり、宗教に走ったりと、さまざまです。

本来、この期では、青年は自分自身をどう感じるかということよりも、他者の目に自分がどう映っているか、また社会の中で自分が得ることができる職業に自分の興味や性格、技能をいかに対応できるかということにも強い関心を持っています。

モラトリアム状態から抜け出せない場合、「自分はいったい何者か」いうことについて混乱したり、ネガティブなアイデンティティ（社会的に受け入れられない自己。たとえば不良、暴れ者、社会的逸脱者、引きこもり、犯罪者などに特徴的）を作り上げてしまいます。

また、フロイト学派のコフートによれば、パーソナリティ（人格）の発達がうまくいかないと心理的葛藤が始まり、自分というものを全体的に捉えることができず断片的な部分で自分という人間を規定してしまい、自分が分からなくなってしまう。とりわけエディプス期に、幼児が親のイメージと自分を結びつけるのに何度も失敗すると、自分がバラバラになってしまい、感情や態度、行動に一貫性が見られなくなります(32)。しかもそれが青年期にも色濃く残ります。

解決方法

子供が問題行動や異常行動を起こさないようにさせるには、親や教師は、基本的には、子供が自らアイデンティティの拡散やモラトリアム状態を克服するのを、温かく見守ることです。しかし子供の中には、なかなか克服できない子もいます。克服できない子供の場合は、とくに危機克服力（問題解決能力）を支援することが必要です。

そうすると、危機克服力を高めるうえで、自信、ストレス耐性などを高めることがとりわけ重要な支援策になってきます。しかしこの支援の具体策を模索し、それを実行するにも多くの時間がかかります。しかもその効果も約束されません。そこで、親や教師に必要なことはまずは、子供がアイデンティティ確立で直面している障害を共同して取り除くことでしょう。そのためには、子供と親密で相互の信頼関係がなければなりません。同時に、子供の友達付き合いを暖かく見守ったり、場合によっては、それを時間的に、経済的に支援する必要もあるかもしれません。

具体的には、

・青年は本質的に理想主義者です。しばしば態度や思考に柔軟さを欠き、否定的で、破壊的となりニヒリズムなのです。その原因は、親に育てられ成長してきた過程で、自我（本能的欲求）、甘え、不安、敵意などが強すぎたからです。このような場合は、子供と一緒になって、子供の甘えや不安を取り除くことが有効でしょう。

・青年はしばしばあらゆることに否定的になり、理想主義とは逆の虚無主義に陥ることがあります。この原因は、子供がこの「否定する傾向」を人生の無意味さや、人間不信、運命論的悲観説と結びつけるからです。このような場合は、親や教師は、子供に現実の明るい面、希望や願望が叶えられる面も経験するように方向付けることも有効でしょう。

要するに、青年期の教育指導は本質的に、子供自身の自覚を促進させるものでなければなりません。賞罰主義や鍛錬主義ではなく、徹底的に自発的な自己洞察をさせる必要があります。つまりアイデンティティ確立を志向する自己洞察をさせることが必要なのです。そのような自己洞察を高めさせるには本来、その青年個人の発達段階、生育環境、能力の３つに応じた「問い」（課題）を与えて解決させていく必要があります。

ケース２.

原因は、自己意識は高まっているが、それが社会的に望ましい自己を作り上げるうえで不可欠な、自己の態度や行動の反省や洞察の強化に繋がっていないからです。その大きな原因が同一視の失敗です。

青年期の若者の一般的な課題は自我（欲望のままに生きている自分）の発見、自己像（自己概念：他者が見ている、感じている自分）の健全な形成です。そもそもフロイトは、人が他の人を模倣し、その人と同じように考え、感じ、振舞うことを通じて、その人を内在化することを、同一視と定義しました。たとえば父親や母親に同一視する、尊敬している先輩や上司に同一視する、といった場合です。同一視が起こる過程は、その対象（主に人）を自我に取り入れて、自我が対象と同じようになることによって、対象との結びつきを実現しようとする過程です。同一視は、他者との結びつきを形成する重要な方法なのです。だから同一視は、人格を形成し、自我と超自我（後記のケース4を参照）を発達させるうえで重要な方法なのです。たとえば、エディプス期において、子供は自分が親よりも能力が劣っているという事実に対処するための1つの手段として、自分が親のようになりたいと願い、意識的、無意識的に努力し励みます。つまり同一視は、子供を成長させる推進力である一方、ライバルとしての親への敵対意識に対する防衛機能としての役割も果たすのです。

同一視の相手が望ましくない反社会的な人間だったり、非社会的な人間であれば、その子もそうなってしまいます。その望ましくない人間の価値観や考え方、態度、行動様式を自然と身につけていきます。

解決方法

解決方法としては、次のことが考えられます。自己意識は青年期から強くなり、自己の性格や能力への反省、洞察を強めます。その結果、青年はたとえば、青年期の特徴である優越感や劣等感、虚栄心、孤独感、焦燥感、感動・感激などが強くなります。これらの感情の中でもネガティブなものは可能な限り抑え、ポジティブな感情を持つ自分に作り変える必要があります。

青年には、自ら社会的に望ましい人間になろうとする努力が求められるのです。
　そのための1つの有力な方法は、同一視の対象に、すでに社会的に望ましいと見なされている人を設定することです。そして子供に、その人を模倣し、同じように考え、感じ、振舞うことを求めます。親や教師が、同一視の対象になることもありますが、そうでない場合は、望ましい対象を子供たちに紹介したり、望ましい対象選びを指導する必要があるでしょう。問題は、子供をそのように方向づけるにはどうすればよいかということです。そのためには少なくとも子供の性格、関心、能力などを見極める必要があるでしょう。

ケース3.
　原因として考えられるのは共依存です。
　そもそも依存（dependency）症というのは人格障害の一種で、衝動的な欲求をコントロールできない状態を指し、中毒、嗜癖、習慣を意味します(19)。依存は物質依存（酒、たばこ、薬物）、プロセス依存（行為の過程に伴う快楽に夢中になる：ギャンブル、ショッピング、セックス、虐待・暴力行為、恋愛、食行動、仕事など）、人間関係依存の3つに分けられます。最後の人間関係依存が共依存（co-dependence）と呼ばれます。これは、他人との人間関係に没頭し、正常な思考や判断、推論ができなくなっている状態を指します。
　共依存にとりつかれた人は、メロディ（Mellody,P.,1989）によれば、「他人が自分の行動を支配する、つまり他人の行動が自分に強い影響を及ぼすのを許す人間、あるいは他人の行動を支配することにとりつかれた人間」のことです(19)。たとえば、母親が自分を犠牲にして子供に尽くす行為は一見すると母性愛に満ちた行為とも思えますが、見方を変えれば、母親はその行為によって子供を支配している、共依存にとりつかれた人間だとも言えます。共依存が強くなりすぎると、以下のような自己の認知や行動についての困難性もしくは障害を生みます。

・適正な自己愛ができない

自分を好きになれない、愛せない、自己評価を適正にできない人間。つまり自分を社会的な価値の低い人間と見なしてしまっているか、逆に傲慢・誇大性の人間かのいずれかです。

・自己保護が適正にできない

自己と他者の境界設定ができずに、無神経に他者に侵入したり、他者が自分の中に侵入してくるのを簡単に許してしまう。

・アイデンティティが適正に確立できない

自分がどういう人間なのか分からないといったような、自分を正しく認識することができない。

・自己ケアを適切にできない

自己の欲求を理解し、それを他者に適時に正しく伝えることができない。

・自己表現を適切にできない

自己の現実（年齢、性、家庭内での役割、職業、状況、など）に沿って、適切に振舞ったり、他者に対して自己を正しく表現することができない。

解決方法

子供が共依存傾向にある、または陥っている場合、この共依存を弱める、共依存から解放するには、先ずは家庭の健全化を図ることが大切です。

共依存は機能不全家族で育てられることで、作られていきます。機能不全家族というのは家族の仲の悪さ、喧嘩、暴力・虐待の絶えない家族だけでなく、完全主義や几帳面すぎる、真面目すぎるといった堅苦しい、自由にものも言えないような抑圧的な家族です。子供はこのような家庭で育つと、自分は家族から見捨てられはしないかという不安や、不安定感、いらだち、屈辱感にさいなまれ、慢性的に空虚感を持ち続けます。だから外部の人や物の力を借りてでも、空虚感を満たそうとします。これが共依存のメカニズムです。

アダルトチルドレン（adult children）というのはもともとアルコール依存症の親のもとで育ち大人になった人間のことですが[30]、今日、機能不全家庭で育った人間も含めた言葉になっています。このような人は共依存になることが多いといわれます。

要するに、子供を共依存にならないようにするには、コミュニケーションが豊かで、楽しい、幸せな家庭を作り、その中で子育てをすることが不可欠なのです。しかし、子供に共依存の傾向が強く見られる場合は、臨床医に相談するのが適切でしょう。

ケース4．

原因は、良心の再形成が必要です。

フロイトは、思春期に入ると、潜伏期（児童期：6～11歳頃）にはいったん影を潜めていた性衝動が再び高まってきて、同時にエディプス・コンプレックスなど幼児期に見られた葛藤が再度起こってくるといいます(6)。だから、この期では、このような葛藤を克服して、成人期にふさわしい超自我（良心）を再構築して、アイデンティティを確立することが課題となるのです。

性衝動の高まりに対して、青年は禁欲と耽溺の両極を揺れ動いていきます。また青年は両親以外の他者に同一化の対象を求め、新たな自我理想や価値観を獲得していきます。フロイトは、後期の著作で、それまでの精神構造の捉え方を、イド、自我、超自我からなる新たな「意識の支配構造（心的構造）」を提起しています(6、30)。イドとは、衝動から形成され、快楽原則に従います。だから、それは即座に求められ、すぐに満たされなければなりません。しかし自我は、現実原則（自分の欲望するすべてを得ることは本来できないのであって、自分が生きている世界を考えなければならないということ）に従うもので、イドが求めるものを得るための満足のいく合理的な方法を見出そうとします。しかも自我というのは、超自我（親が子供のために心から訴える声と、社会の道徳規範を内面化したもの。つまり、いわゆる良心のこと）によってコントロールされています。つまり超自我はその人が生きていくうえでの道しるべであり判断基準であり、倫理観や罪悪感、羞恥心の源になります。非行や犯罪を繰り返す人間は、この超自我が歪んでしまっているのです。また羞恥心が非常に強いために、友達ができないとか、親にいつもべったりくっついている、家から出られないといった子供は、自我が確立していないのかもしれません。

解決方法

親や教師は、子供が成人期にふさわしい超自我を形成して、アイデンティティを確立することを期待しなければなりません。アイデンティティ確立の方法については、前記の『**自分で自分が分からない（本当の自分らしさとは何か）、自分はどう生きていけばよいのか、自分が頼りない（自分に自信が持てない）ということにひどく悩む　ケース1**』を参照して下さい。

また、超自我は、人が生きていくうえでの道標であり判断基準であり、倫理観や罪悪感、羞恥心の源です。非行や犯罪を繰り返す子供は、この超自我が歪められていると考えられますから、子供に適正な同一視を指導することが役に立つでしょう。これは人格が形成され、自我と超自我（良心や道徳律など）が発達するうえで重要な方法です。たとえば、エディプス期において、子供は自分が親よりも能力が劣っているという事実に対処するための1つの手段として、自分が親のようになりたいと願い、意識的、無意識的に努力し励みます。また親の劣っている面や悪い面を否定もします。つまり同一視は、子供を成長させる推進力である一方、ライバルとしての親への敵対意識に対する防衛機能としての役割も果たすのです。

ケース5．

原因は、解離性同一性障害あるいは多重人格傾向にあるかもしれません[19]。

人は誰でも心の中に矛盾と葛藤を抱え、相反感情（両価性：ambivalence）に悩むことがあります。児童期以降、特に青年期は、良い自分と悪い自分との矛盾を感じつつ、何とかそれを自分という一人の人格の中に統合しようと努力します。しかし最近の若者の中には、矛盾や葛藤を抱え、相反感情に悩むのではなく、容易に別の人格になって、それらを巧みに回避しようとするものが増えています。この自らの苦悩、もがきによる人格統合の放棄が解離性同一性障害につながり、極端な場合、同じ子が一見すると良い子、普通の子だが、場面が変わると、非常に攻撃的で、冷酷で残忍、怒りに満ちた内面をさらけ出すことがあるのです。

解決方法

解離性同一性障害あるいは多重人格傾向の改善は、臨床医の仕事です。

ケース6．

原因は、脳の再条件化の必要性にあるのかもしれません。

これは、フロイトの精神分析を乗り越えることです。20世紀前半を通して、心理療法はフロイトの精神分析によって席巻されていました。これは、不安は魂の奥深くにあるもろもろの力の葛藤から生まれると主張する立場でした。この葛藤は、個人の意識的思考と無意識的思考の双方、およびそれらを形成したさまざまな経験を長期にわたり内省的分析によってのみ緩和、除去できるというものです。

しかしウォルピ（Wolpe,J.,1915-1997：南アフリカのヨハネスブルク生まれ、米国テンプル大学の精神医学教授）はフロイトの精神分析を否定しています（3、30）。彼は第二次世界大戦中の心的外傷後ストレス障害（ＰＴＳＤ）による不安で悩んでいる兵士たちの治療に当たる中で、精神分析に基づく治療が何の役にも立たないことに気づきました。兵士たちに自身の経験について語らせても、トラウマに対する彼らのフラッシュバックを止めることも、不安も取り除くことはできなかったのです。そこで彼は、強度の不安を取り除くには、精神分析よりもずっとシンプルで効果的な近道はないかと探求しました。そこで彼は行動主義心理学を勉強し、「行動を学習されないようにすることも可能なはずだ」と考えました。その結果、彼は逆制止法という、患者の過去の分析など全くせずに、もっぱら現時点の症状と、ごく近い過去の行動だけに焦点を当て、脳を再条件化することに成功しました。この手法は有効であるだけでなく、すぐに成果をもたらしたために、行動療法の領域に数多くの新しい重要な技法をもたらしました。彼はこの手法をさらに発展させて、系統的脱感作プログラムを作り出し、ネズミ嫌いや飛行機嫌い、などの恐怖症の治療にも成功しました。この手法は現在も広く活用されています。

解決方法

青年が問題行動を繰り返すのであれば、それは系統的脱感作プログラムが有効かもしれません。そうであれば、医療機関に根本的な解決を委ねた方がよいでしょう。

以上、子供に問題行動を起こしたり異常な心理状態が見られる原因として、ここでは6つを挙げました。この中で最も重要なものは「本当の自分が分からない」というアイデンティティの拡散とモラトリアムの状態です。だから青年は社会経験とりわけ対人問題の解決経験を豊かにし、危機克服力あるいはまた問題解決能力を高める必要があります。そうすると、自然に自立力が高まっていきます。と同時に、この自立力が子供をアイデンティティの危機から救ってくれます。

結び

物質的に豊かな、少子化の進んだ現代社会ではしばしば、青年は生きる目標や自己の役割などを見出せずに、自己の人生の選択に対するモラトリアム（執行猶予）期間に陥ったり、アイデンティティ拡散という危機に見舞われます。しかしこのような状況は今に始まったことではなく、昔から見られる青年期の特徴です。この時期は、子供から大人への移行時のために経験不足や知識・能力不足が露呈し、家庭や学校、職場といった社会から期待されているさまざまな役割を果たせないことから生じる無力感、疎外感、不安を味わいます。その結果、アイデンティティの獲得に失敗したり、役割の混乱を克服できなければ、アイデンティティ拡散に陥ります。

青年期（12〜20歳頃まで）の最大の課題は、エリクソンによれば、アイデンティティの確立です。だから青年は社会的環境に適応していくうえで必要な知識、能力、適性、技術を身につけ、生きていく際に遭遇する不安や恐怖に対する防衛性を獲得・保持する能力を持たなければなりません。これらの知識、能力、適性、技術が青年に危機を克服させ、健全なアイデンティティをもたらすのです。

このアイデンティティの確立・強化の最大の鍵は、危機克服力（問題解決能力）にあります。この危機克服力を高めるためには、周囲の人たちとの暖かな、良好な人間関係が作り上げられていることが不可欠でしょう。じつはこの対人関係能力と問題解決能力が自立力を作り上げます。この意味で、アイデンティティと自立力は同義のようなものと言ってもよいでしょう。つまり青年が自立力を高めていくことは、アイデンティティを確立しようとすることであり、幸せな生活、そして人生を築き上げることに繋がるのです。

　人には、悲劇に見舞われたときに、深い抑うつや失望に沈み込み、時には希望どころか耐え抜こうとする意欲さえ失ってしまう人がいます。他方、苦しみや不安に耐え抜き、前進していこうとする人もいます。この違い、つまり「立ち直る力」をシリュルニックは心理的回復力と呼ぶ。彼は「生い立ちやこれまでの経験が人の人生を決めるわけではない。決めるのはその人が持っている心理的回復力なのだ」という(3)。心理的回復力というのは、遺伝によるものではなく、人と人の間の相互作用、かかわりを通じて自然に形成されるものです。彼は、この回復力の鍵は、ポジティブな感情とユーモアだという。それを持っている人は困難やトラウマに、よりよく対処できる。そういう人は困窮の中に合っても、その意味を見出し、有用で啓発的な経験と見なすことができる。それどころか、それを笑い飛ばすことさえできる。回復力の強い人は、たとえ現在どんなに苦しくとも、将来、事態がより良くなるかもしれないと考える力を決して失わない。彼らは何が起こっても、それにただ振り回されるのではなく、それに耐え、克服しようとするのです。

　この心理的回復力こそが青年に人生の危機を克服する力を与えてくれる。問題行動を起こし立ち直れない青年は、心理的回復力が弱いのです。苦労に耐える力や意志が弱いのです。また価値観が不適正なのです。エリクソンは、青年の問題行動や異常心理の原因はアイデンティティの拡散（自分が果たさなければならない役割間の葛藤）と強い劣等感によるものだといいます。アイデンティティが拡散しているために自分が何者か分からない、自分は何をしたいのかも分からないといった状態による自暴自棄や暴力行使、引きこもりから抜け出すためにも、強い劣等感にさいなまれている状態から抜け出すためにも、心理的回復力が重要な働きをします。まさに自立力が高いから心理的回復力も強くなる、心理的回復力が強くなれば自立力が一層強くなるという好循環が期待できます。

また、前記の「思春期前期の問題解決　人格『**子供には幸せな人生を送ってもらいたい**』」のところで、セリグマン、ロジャース、フロムの理論を説明しています。彼らはすべて、ポジティブな生き方をするにはどうすればよいのかに焦点を当てています。青年がポジティブに生きていけるか、それともネガティブにしか生きられないのかも、その青年が自立力をどの程度持っているかによって強く影響されるでしょう。

引用・参考文献

1. Bronson, P. & A. Merryman, 2009, **NurtureShock:New Thinking About Children**, Curtis Brown Ltd.（小松淳子訳、２０１１、『**間違いだらけの子育て**』合同出版）
2. Buel, W.D., 1960, The Validity of Behavioral Rating Scale Items for the Assessment of Individual Creativity, **Journal of Applied Psychology**, 44, 6, 407-412.
3. Colin, C., et al., 2012, **The Psychology Book**, Dorling Kindersley Limited.（小須田健訳「**心理学大図鑑**」三省堂、２０１３年）
4. Erikson, E.H., 1959. **Identity and The Life Cycle**, International Universities Press, Inc.（小此木啓吾、小川かつ之、岩田寿美子、１９８２、『**自我同一性**』誠信書房）
5. 藤永保ほか編、昭和61年（１９８６）、『**臨床心理学**』有斐閣。
6. 藤永保ほか編、１９８６、『**新版　心理学事典**』平凡社。
7. 波多野完治監修、１９８２、『**ピアジェ理論と教育**』国土社。
8. 波多野完治編、１９８６、『**ピアジェの認識心理学**』国土社。
9. 林伸二、２０１４、『**人と組織を変える自己効力**』同文館出版。
10. 林伸二、２０００、『**組織心理学**』白桃書房。林伸二、２０１４、『高ストレス状況下でもモティベーションを維持・向上させる方法』（未発表）、林伸二、２０１５、『高業績実現のためのストレス・マネジメント・プロセス－ストレス・マネジメントの支援プログラム－』（未発表）、林伸二、２０１７、『ストレスに強い人間になる方法』（未発表）、他

11．林伸二、２０１０、「幸せとは何か－定義と測定－」**青山経営論集**、45巻3号、14－29頁、林伸二、２０１１、「幸せ（幸福感）の知覚メカニズム－ＳＨＥＥモデルの提案－」**青山経営論集**、46巻1号、２－28頁、林伸二、２０１１、「若い看護師は幸せなのだろうか－看護師vsＯＬ－」**青山経営論集**、46巻3号、２２８－２６２頁、林伸二、２０１５、「若い社会人の仕事生活の幸せ度の測定スケール」（未発表）

12．林伸二、１９９５、「創造力の測定－個人史アプローチ－」**青山経営論集**、30巻1号、26－50頁、林伸二、２０１０、「営業パーソンの創造力測定スケール」（未発表）、林伸二、２０００、『研究開発技術者の創造力測定スケール』（未発表）

13．石井澄生・松田淳之助編著、１９８８、『**発達心理学**』ミネルヴァ書房。

14．伊藤隆二・橋口英俊・春日喬編、２０００、『**生涯発達と臨床心理学　改訂版**』駿河台出版社。

15．懸田克躬訳、昭和62年（１９８７）、『**性欲論**』日本教文社。

16．久世妙子ほか、１９９６、『**発達心理学入門**［**新版**］』有斐閣。

17．水島恵一、昭和61年（１９８６）、『**臨床心理学**』大日本図書。

18．Nolte, D. L. & R. Harris, 1998, **Children Learn What They Live**, Workman Publishing C.（石井千春訳、２０１１、『**子どもが育つ魔法の言葉**』株式会社ＰＨＰ研究所）

19. 大石史博ほか編、２００５、『**発達臨床心理学ハンドブック**』ナカニシヤ出版。
20. 大村政男・花沢成一・佐藤誠、昭和60年（１９８５）、『**新訂　心理検査の理論と実際**』駿河台出版社。
21. Piaget, J., 1964, **Six Etudes de Psychologie**, Editions Gonthier.（滝沢武久訳、１９６８、『**思考の心理学**』みすず書房）
22. Piaget, J. et Barbel, Inhelder, 1966, **La Psychologie de Infant**, Press Universitaires de France.（波多野完治・須賀哲夫・周郷博訳、１９６９、『**新しい児童心理学**』白水社）
23. Random House, 1975, **Psychology Today;An Introduction:3rd ed.**, Random House, Inc.（南博監訳、１９８４『**図説　現代の心理学**』講談社）
24. Rotter&Hochreich, **Personslity**, 1975, Scott, Foresman&Co.（詫摩ほか訳、昭和62年（１９８７）、『**パーソナリティの心理学**』新曜社）
25. Schmit, M.J., Kihm, J.A.&C.Robie, 2000, Development of a Global Measure of Personality, **Personnel Psychology**, 53, 153-193.
26. Smith, W.J.et al., 1961, The Prediction of Research Competence and Creativity from Personal History, **Journal of Applied Psychology**, 45, 1, 59-62.
27. 高橋孝雄、２０１８、『**小児科医のぼくが伝えたい最高の子育て**』株式会社マガジンハウス。
28. 東洋ほか編、昭和53年（１９７８）、『**心理用語の基礎知識**』有斐閣。

29. 東洋ほか編、昭和61年（１９８６）、**『心理学の基礎知識』**有斐閣。

30. 氏原寛ほか編、２００４、**『心理臨床大事典　改訂版』**培風館。

31. 氏家達夫、陳 省仁、２００６、**『基礎 発達心理学』**放送大学教育振興会。

32. Ward, I.&O.Zarate, 2000, **Introducing Psychoanalysis**, Icon Books Ltd.（小林 司訳、２０１０**『マンガ 精神分析学入門』**講談社）

33. Zimbardo, P.G., 1980, **Essentials of Psychology and Life, 10th ed.**, Scott, Foresman and Company（古畑和孝、平井久監訳、昭和61年（１９８６）**『ジンバルドー 現代心理学Ⅱ、Ⅲ』**サイエンス社）

34. 矢野喜夫・落合正行、１９９１、**『発達心理学への招待－人間発達の全体像をさぐる－』**サイエンス社。

良心の再形成　196
劣等感　15, 37, 38, 132, 133, 134, 135, 140, 148, 149
劣等感コンプレックス　133, 134, 135
ロゴテラピー　80
ロジャース　56, 59, 60, 61, 63, 203
ロビー　77

▶わ

悪い仲間に入る原因　101

——の教育指導　23, 191
——の人格発達上の代表的な特徴　149
——の人格発達上の特徴　19
青年の苦しみ　79
——自己中心的行動　181
——問題行動や異常心理の原因　108, 109, 203
世界観　21, 142
セリグマン　54, 55
創造的な問題解決の能力が低い子供　152
創造力　10, 151, 152, 153
——の予測方法　152
相反感情　91, 98, 198
相補性要求　100

▶た

代償　137, 138
対人関係能力　12, 15, 124, 125, 140, 145, 177, 178
第二次性徴　112
第二伸長期　156
第二反抗期　19, 144, 156
立ち直る力　202
他律性　180
超自我　46, 196, 197
強い自己　152
強い人格　17
同一視　191, 192, 193, 198
道徳心　15, 70, 72, 73
特定自己効力　171
独立心の弱さ　26, 27
独立の障害　27
トラウマ（心的外傷）45, 46, 86, 92, 127, 128, 199

▶な

人間関係ストレスの解消　82
人間関係における危機克服力　147, 149
人間性心理学　63
脳の再条件化　199

▶は

働く意志のない若者　185
バンデューラ　81, 152, 171
ピアジェ　18, 47, 49, 53, 111, 155, 179, 180
引きこもり　119, 120, 121
非行　107, 114, 116, 188
人を愛し、また愛される人間　69
不安と無力感　66
不健全な心　155
負のアイデンティティ　95
フランクル　79, 81, 83, 97, 130
フロイト　18, 28, 30, 45, 46, 53, 56, 83, 85, 86, 95, 111, 133, 189, 191, 196, 199
フロム　66, 67, 68
勉強に関する主な悩み　42
防衛機制　60, 137
ボウルビィ　63
母子関係の断絶への不安　27
ポジティブ心理学　54
ボランティア活動　20, 145

▶ま

見かけ上の親密さ　122
メロディ　193
モラトリアム状態　159
問題解決　15, 50, 51, 151, 152, 153, 169
問題解決能力　13, 15, 26, 43, 146, 150, 152, 153, 165, 170, 172, 177, 178, 200

▶や

優越感コンプレックス　134, 135
友人関係における葛藤　38
良い人生を送る　57, 61
抑圧された　85

▶ら

理由なき反抗　98

——操作期 47, 48
言語的説得 172
現実適応力（社会規範の学習能力） 29
健全なアイデンティティ 68, 94, 183, 201
——の具体的な形成方法 166
健全な自己概念 57
行動療法 91, 200
幸福な人生 54, 55, 56
コールバーグ 69, 71, 72
個人史アプローチ 151
子育て 9, 13, 195
——の目的 9, 10
孤独感 100
子供の創造力を高める 153
子供を非行に走らせる親 115
コフート 95, 189
孤立 122

▶さ

ザイアンス 48, 117
31の問題と自立力の関係 15
幸せな人生を送れない原因 56, 66
自我 19, 46, 179, 191, 192, 196
自己意識 13, 139, 140, 183, 191, 192
試行錯誤 171
自己価値感の低下・喪失 103
自己嫌悪感 19, 145
自己効力 171
自己効力の強化方法 152
仕事アイデンティティの主要な形成要因 186
自己洞察 23, 110, 150
自信 89, 135, 161, 167, 170, 171, 172
自尊心 133, 135
しつけの障害 27
疾風怒濤の時期 17, 18
自分を信頼する方法 58
社会的に望ましい人間 139, 140, 193
社会的に望ましくない行動 107, 108, 118
社会不適応 21, 28, 149
集団同一性 102
シュミット 77
情動喚起 152, 172
自立心 12, 15, 26, 29, 30, 31, 32, 52, 119, 120
自立力 12, 13, 15, 26, 72, 74, 99, 101, 119, 120, 123, 124, 132, 140, 177
自立力形成の基盤 13
シリュルニック 127, 202
人格 17, 19, 53, 100, 155, 179, 180
——形成上の障害 183
——の多様性 155
——の発達 155
人生の意味 85
真の愛 68
真の親密さ 121, 122
ジンバルドー 104, 106
親密さと孤独の葛藤 122
心理社会的な危機 43, 163
心理的回復力 127, 202
心理的葛藤 31-32, 95, 122
心理的離乳 20
スタンフォード監獄実験 104
ストレス 74-77
ストレス・コーピング 75
ストレス耐性 75
——を強める 74, 77, 176, 177
——を強める具体的な方法 77-84
ストレス知覚―学業成績の関係 77
ストレッサー 75
性器期 53
正常発達の危機 178
精神因性神経症 80
精神的緊張 85, 86
精神病と神経症 45
性的成熟 22
青年期 8, 11

索　引

▶ A ～ Z

ＡＣＬ法 151
ＣＰＳ法 151

▶あ

愛着行動 64, 65, 90, 169
愛着理論 63
アイデンティティ 157
　――拡散型 160
　――拡散症候群 141, 147
　――拡散の状態 44, 141, 163, 164, 177, 184, 185
　――形成状態 159, 162
　――早期完了の状態 159, 164, 165
　――達成の状態 44, 159, 163, 165
　――の拡散 95, 108, 109, 114, 183, 187
　――の確立 67, 68, 142, 147, 150, 155, 156, 159, 161, 201
　――の形成プロセス 164, 165
　――の混乱の兆候 88
　――の主要な形成要因 43, 160, 165, 186
　――の喪失感 102
　――の未確立 40, 43
　――のモラトリアム状態 44, 122, 159, 165
憧れ 15, 34
アダルトチルドレン 195
アドラー 133, 134
アノミー 180
アマビール 151
生きる 13, 57
生きる意味 80, 97, 130
依存症 193
依存の過剰学習 27
一般的自己効力 171
イド 196
ウィットボーン 43, 162
ウォルピ 91, 199
エディプス感情 30
エディプス的葛藤 37
エリクソン 18, 109, 157, 158
親離れができない原因 26
親への反抗 16, 98

▶か

「学習性無力感」の理論 54
過剰補償 137
カセクシス 111
仮説演繹的思考 47, 48, 181
ガフ 151
観察学習 172
感情が思考に先行する 117
キーム 77
危機克服力 43, 96, 160, 165, 170, 172, 177, 178, 190, 201
　――の強化 141, 170
機能不全家族 195
基本的信頼の形成 120
基本的不信感 119, 120
逆制止法 199
共依存 193, 194, 195
共依存にとりつかれた人間 194
共感と共鳴 100
強迫観念 46
強迫神経症 45, 46
ギルフォード 151
勤勉さ 36, 37
　――のアイデンティティ 184
空想 34
グラッサー 124, 125
苦しみ 96
形式的思考 181

著者略歴

林　伸二（はやし・しんじ）

経営学博士（神戸大学）、青山学院大学名誉教授。元青山学院大学学長補佐（現副学長）。1946年、佐賀県生まれ。
神戸大学大学院経営学研究科経営学専攻博士課程修了。
専門は組織心理学、組織変革論、戦略的人的資源管理論、リーダーシップ論。

【研究業績】

『人と組織を変える自己効力』（2014年）
『組織の存亡―いかに優秀な人材を獲得するか－』（2012年）
『人材育成原理』（2005年）
『組織心理学』（2000年）
『組織が活力を取り戻す』（1997年）
『日本企業のM&A戦略』（1993年、1994年度青山学院学術褒賞受賞）
『管理者行動論』（1987年）
『仕事の価値』（1985年、第17回経営科学文献賞受賞）
その他著書・論文、学会報告多数。

NPO法人グローバル新世代イノベータ育成協会相談役。青山学院ヒューマン・イノベーション・コンサルティング株式会社取締役。

自立力 －思春期・青年期の問題と、その解決策－

2020年6月17日　第1刷発行

著　者　林　伸二

発行人　大杉　剛
発行所　株式会社 風詠社
〒553-0001　大阪市福島区海老江5-2-2
大拓ビル5－7階
TEL 06（6136）8657　https://fueisha.com/
発売元　株式会社 星雲社
（共同出版社・流通責任出版社）
〒112-0005　東京都文京区水道1-3-30
TEL 03（3868）3275
印刷・製本　シナノ印刷株式会社

ISBN978-4-434-27583-8 C0037